听力损伤儿童沟通能力康复训练手册

国家出版基金项目
0~6岁残疾儿童沟通能力康复训练手册

香港复康会

世界卫生组织（WHO）康复协作中心
香港复康会，中山大学出版社本丛书项目组 编译

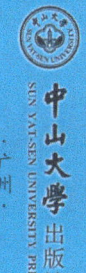

中山大学出版社
·广州·

版权所有 翻印必究

图书在版编目（CIP）数据

听力损伤儿童沟通能力康复训练手册/世界卫生组织（WHO）康复协作中心著；香港复康会，中山大学出版社本丛书项目组编译．—广州：中山大学出版社，2015.3

（0～6岁残疾儿童沟通能力康复训练手册）
ISBN 978-7-306-05185-1

Ⅰ.①听… Ⅱ.①世…②香…③中… Ⅲ.①听力障碍-儿童-语言-教育康复-手册 Ⅳ.①G762.2-62

中国版本图书馆CIP数据核字（2015）第024692号

出 版 人：徐　劲
策划编辑：葛　洪　熊锡源
责任编辑：葛　洪　熊锡源
封面设计：邓传志
责任校对：陈　霞
责任技编：黄少伟
出版发行：中山大学出版社
电　　话：编辑部 020-84110283，84111996，84111997，84113349
　　　　　发行部 020-84111998，84111981，84111160
地　　址：广州市新港西路135号
邮　　编：510275　　传　真：020-84036565
网　　址：http://www.zsup.com.cn　　E-mail:zdcbs@mail.sysu.edu.cn
印 刷 者：虎彩印艺股份有限公司
规　　格：787mm×1092mm　1/16　14.5印张　250千字
版次印次：2015年3月第1版　2020年1月第3次印刷
定　　价：27.00元

如发现本书因印装质量影响阅读，请与出版社发行部联系调换

摘　　要

这套手册主要是给为沟通困难的孩子及家长提供服务的中层康复工作人员而撰写的，但相信亦适合医疗及教育工作者。

手册内容包括沟通的基本资料，如正常发育及早期的识别；此外，亦有全面阐述评估及展示如何厘定目标的章节。接下来的章节详细地解释了5类常见沟通困难的成因，分别为智力障碍、脑瘫、听力损伤、多重残疾及其他特殊的情况。以上每个章节包含评估的例子及目标的厘定，还有给家长及工作人员的意见及教学提议。

此外，还有详细地解释游戏重要性的章节，亦有提供在日常生活情景中增进沟通技巧的内容。最后的章节分别讲述如何进行小组活动及与教育联合。

出版此套手册的目的是希望能为康复工作人员提供可参考及实用的资料，提高他们的服务水准，从而改善孩子的生活质量。

前　言

以下内容摘自原著 Dr. Enrico Pupiln（Rehabilitation Unit，WHO）的序及 Dr. Timothy Stamps（Minister of Health，Zimbabwe）的前言。

此套手册在津巴布韦的医疗部门支持下，由工作于当地的两位言语治疗师 Helen House 及 Jenny Morris 撰写。世界卫生组织安排专家对资料进行审阅，务求令内容达至国际水准。参与审阅的专家包括瑞典 Handicap Institute 的 Ms M. Lundman；University of Manchester 的 Ms J Warner，Ms J Marshall；World Federation for the Deaf 的 Ms Liise Kauppinen；International Federation of Hard of Hearing 的 Dr. Mark Ross；前世界卫生组织复康组人员 Dr. Ann Goerdt。此手册由世界卫生组织及联合国儿童基金会共同制作及派发，并且得到 Swedish International Development Cooperation 的支持。

津巴布韦医疗部门 Dr. Timothy Stamps 之补充：

津巴布韦于1989年进行了一次全国性残疾人口普查，结果显示，超过50%的残疾儿童有沟通困难。然而，在此方面的康复服务非常匮乏。沟通困难是常被人误解的残疾现象，故在世界各地往往被人所忽略。有关沟通的训练是近年才被重视起来的。

此套手册由两位于津巴布韦工作的合资格言语治疗师撰写，内容建基于他们过往4年于 Children's Rehabilitation Unit of Harare Hospital 培训复康技师及在城乡与残疾孩子及家长工作的经验。我们希望其他国家的康复工作人员能得到此套手册，并且从中获益。

作者自述

此套手册内容建基于过往数年于津巴布韦的工作经验，出版之目的是希望在协助有沟通困难的孩子的工作上提供实用的指引。

手册内容强调，最佳训练有沟通困难的孩子的时机是当孩子的年龄在6岁以下时。所有愿意协助有沟通困难的孩子的人均有能力帮助该孩子。对孩子来说，最重要的是家人的帮助及社区的支持，但医疗及教育部门人员的理解亦是相当关键的。此套手册的目的是就以下范畴提供建议：

■改善孩子的沟通能力；

■多方面的沟通方法；

■协助父母替孩子发展沟通能力；

■联系其他参与协助有沟通困难的孩子的人员。

我们的最终目标是改善孩子的生活质量。

沟通是人类的基本需要。

通过沟通我们可以表达自己，包括我们的信念、我们的想法及我们的意见。每一个人的沟通方法都是不同的。通过沟通，我们能与他人建立友谊与关系，并且成为有价值的社交个体。

序　言

2006年联合国大会通过和发布了《残疾人权利公约》。该公约明确地提出了残疾儿童"适应性训练"（habilitation）的概念，倡导要协助由于先天残疾或在儿童早期获得的残疾而致功能障碍的残疾儿童得到适应性训练的服务，以改善其功能，其中也包括残疾儿童语言沟通能力的康复训练。

沟通能力包括口头语言交流沟通的能力、姿势和表情语言交流沟通的能力，以及利用辅助器具和手段进行交流沟通的能力。

对语言沟通能力障碍的儿童及早进行康复训练极其重要，理由如下：

- 沟通能力的发育从一出生后便开始了，而出生后头几年，正是沟通和语言能力发展最快的时期，在此期间进行积极而有效的语言沟通能力的训练，能取得较好的效果。

- 儿童语言沟通能力和水平，对儿童心理精神状态的发展、学习能力和职业技能的培养、家庭和人际关系的培育，以及个人独立生活和融入社会，都有着极其重要的影响。因此，抓紧残疾儿童语言沟通能力的训练，是促进他们日后全面发展的一个策略。

正因如此，国内外康复界和教育界都很重视推广普及有关残疾儿童语言沟通能力的康复训练。由世界卫生组织（WHO）康复协作中心著、香港复康会以及中山大学出版社联合编译的这套"0～6岁残疾儿童沟通能力康复训练手册"，肯定将会对国内残疾儿童沟通能力的康复训练提供巨大的推力和助

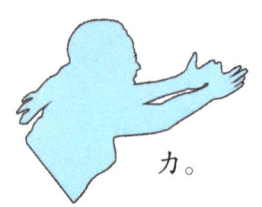

力。

这套丛书的内容和编排方式有以下几个特点：

● 重视阐述清楚残疾儿童沟通能力康复训练在原理上和方法上的共性和特性。在共性方面，讲清沟通的基本概念、沟通能力的正常发展、对沟通困难的早期识别、日常生活中沟通技能的培养；在特性上，根据造成沟通困难原因的不同，其障碍表现和康复训练方法也有其差异之处，本丛书分别对几个不同的病因，即"脑瘫""智力障碍""言语特殊困难""听力损伤""多重残疾"等引起的沟通能力障碍，分册介绍其障碍表现的不同特点，以及训练上不同的方法。

● 以社区康复服务为背景，具体介绍在社区和家庭用得上、简便易行、效果确实的残疾儿童语言沟通能力训练方法，充分利用社区环境促进康复。

● 照顾到中国的社情、民情、文化背景，本丛书在编译时，于适当的场合下，对一些案例的描述，注意到尽量贴近中国本土的情况，使读者感到更为亲切并便于理解。

作为一套有关残疾儿童康复理论与方法的实操性读物，本丛书适合于康复界（尤其残疾儿童康复界）人士、特殊教育教师、有关家长、保育人士以及社区康复工作者参阅使用。我衷心祝贺本丛书成功地出版发行，并造福于有沟通能力困难的残疾儿童和他们的家长。

中山大学附属第一医院康复医学教授

（世界卫生组织康复协作中心主任）

卓大宏

2014 年 12 月 22 日

目 录

第1章 听力损伤的原因与鉴别 ··················· 001
第1节 听力损伤的类别 ··················· 001
一、什么是听力损伤 ··················· 002
二、听力损伤的类别 ··················· 002
三、听力损伤者可以有什么样的期望 ··················· 003
四、我们可以为听力损伤的孩子做些什么 ··················· 003
第2节 造成听力损伤的原因 ··················· 004
一、听力是耳朵和大脑共同作用的结果 ··················· 004
二、耳朵的结构 ··················· 004
三、听力损伤与耳朵问题 ··················· 005
四、耳朵护理 ··················· 005
五、听力损伤问与答 ··················· 006
第3节 早期听力损伤鉴别 ··················· 007
一、听力损伤鉴别常识 ··················· 007
二、观察孩子并和父母交谈 ··················· 008
三、测试孩子的听力 ··················· 008
四、干扰测试 ··················· 010
五、协作测试 ··················· 012
六、表现测试 ··················· 015
七、测试结果评估 ··················· 017
八、关于听力测试需要记住的重点 ··················· 018

第2章 沟通能力概述 ··················· 019
第1节 什么是沟通 ··················· 019
一、沟通的基本概念 ··················· 019
二、沟通循环 ··················· 021
三、信息媒介 ··················· 022
四、沟通需要记住的重点 ··················· 027
第2节 沟通能力的正常发展 ··················· 027
一、"健康之路"表 ··················· 028
二、"健康之路"表中涉及的正常沟通能力 ··················· 030

三、"沟通房子" ……………………………………………… 030
　　四、沟通能力的发展 ……………………………………… 030
　　五、孩子如何学习沟通所需要的能力 …………………… 031
　　六、关于沟通正常发展需要记住的重点 ………………… 032
　第3节　对沟通困难的早期识别 …………………………… 032
　　一、为什么早期识别孩子的沟通困难很重要 …………… 032
　　二、我们应该注意什么 …………………………………… 033
　　三、孩子沟通困难的原因 ………………………………… 033
　　四、关于导致孩子沟通困难的原因需要记住的重点 …… 038
　第4节　听力困难儿童沟通能力问题 ……………………… 038
　　一、听力困难儿童的沟通循环 …………………………… 038
　　二、对听力困难儿童只使用口语沟通时存在的问题 …… 039
　　三、对听力困难儿童应该结合使用手势进行沟通 ……… 040

第3章　评　估 ……………………………………………… 043
　第1节　沟通能力评估 ……………………………………… 043
　　一、什么是沟通能力评估 ………………………………… 043
　　二、评估前的准备 ………………………………………… 044
　　三、评估表 ………………………………………………… 046
　　四、评估表样本 …………………………………………… 051
　　五、关于评估需要记住的重点 …………………………… 055
　第2节　听力损伤儿童沟通能力评估 ……………………… 056
　　一、轻度失聪儿童沟通能力评估 ………………………… 057
　　二、中度失聪儿童沟通能力评估 ………………………… 059
　　三、严重失聪儿童沟通能力评估 ………………………… 062
　　四、听力损伤儿童沟通能力评估 ………………………… 065

第4章　为听力损伤儿童制订目标计划 …………………… 067
　第1节　目标计划的制订 …………………………………… 067
　　一、目标计划的基本概念 ………………………………… 067
　　二、制订目标计划指南 …………………………………… 069
　第2节　目标计划书的填写 ………………………………… 069
　　一、目标计划书格式 ……………………………………… 069
　　二、目标计划书样本——John Muponda 的案例 ………… 070
　第3节　与父母沟通 ………………………………………… 071
　　一、与父母沟通要考虑的问题 …………………………… 071

  二、教导父母执行活动的指南 …………………………………… 072
  三、与父母沟通要注意的问题 …………………………………… 073
  四、回顾孩子的进步 ……………………………………………… 073
  五、关于目标计划需要记住的重点 ……………………………… 074
 第4节 为听力损伤儿童沟通能力康复制订目标计划 ………………… 075
  一、根据评估内容和"沟通房子"确定目标 …………………… 075
  二、为轻度失聪儿童制订目标计划 ……………………………… 076
  三、为中度失聪儿童制订目标计划 ……………………………… 077
  四、为严重失聪儿童制订目标计划 ……………………………… 078

第5章 改善沟通能力的活动方法 ……………………………………… 081
 第1节 沟通能力要素 ……………………………………………………… 081
  一、沟通能力各要素 ……………………………………………… 081
  二、优先考虑的沟通能力 ………………………………………… 082
 第2节 针对注意力的活动方法 …………………………………………… 083
 第3节 针对听力的活动方法 ……………………………………………… 086
 第4节 针对轮流互动和模仿能力的活动方法 …………………………… 089
 第5节 针对游戏能力的活动方法 ………………………………………… 092
 第6节 针对理解能力的活动方法 ………………………………………… 095
 第7节 针对手势的活动方法 ……………………………………………… 098
  一、什么是手势 …………………………………………………… 098
  二、手势与手语的不同 …………………………………………… 098
  三、不同年龄段儿童手势能力的培养 …………………………… 098
 第8节 针对言语能力的活动方法 ………………………………………… 101
 第9节 活动方法使用指南 ………………………………………………… 104
  一、如何使用这些活动方法 ……………………………………… 104
  二、如何与听力损伤儿童交谈 …………………………………… 104

第6章 帮助听力损伤儿童改善沟通 …………………………………… 107
 第1节 助听器 ……………………………………………………………… 107
  一、有关助听器的相关问题 ……………………………………… 107
  二、助听器的种类 ………………………………………………… 108
  三、助听器工作原理 ……………………………………………… 109
  四、佩戴助听器要注意的问题 …………………………………… 110
  五、给孩子佩戴助听器前家长需要了解的知识
    ——以小美的父亲为例 ……………………………………… 112

六、自制助听器 …………………………………………… 117
　　　七、如何正确使用助听器 ………………………………… 120
　　　八、使用助听器需要记住的重点 ………………………… 122
　第2节　手语 …………………………………………………… 123
　　　一、手语是听力损伤人士的母语 ………………………… 123
　　　二、教听力损伤儿童使用手语 …………………………… 124
　　　三、手语使用需注意的重点问题 ………………………… 130
　第3节　听力损伤儿童的行为矫正 …………………………… 131
　　　一、听力损伤儿童的行为问题 …………………………… 131
　　　二、小测试 ………………………………………………… 131

第7章　运用游戏培养孩子的沟通能力 ………………………… 133
　第1节　游戏及其种类 ………………………………………… 134
　　　一、游戏的内涵 …………………………………………… 134
　　　二、游戏的类型 …………………………………………… 135
　　　三、探索性游戏 …………………………………………… 136
　　　四、运动性游戏 …………………………………………… 136
　　　五、操作性游戏 …………………………………………… 137
　　　六、社交性游戏 …………………………………………… 138
　　　七、假想性游戏 …………………………………………… 139
　　　八、解决问题和思考类游戏 ……………………………… 140
　　　九、不同类型的游戏对培养孩子沟通能力的作用 ……… 141
　第2节　如何利用游戏发展孩子的沟通能力 ………………… 143
　　　一、游戏有助于培养孩子的沟通能力 …………………… 143
　　　二、游戏前的准备 ………………………………………… 145
　　　三、和孩子游戏的注意事项 ……………………………… 146
　　　四、与残疾儿童一起做游戏的能力相关问题 …………… 149
　　　五、关于游戏需要记住的重点 …………………………… 150
　第3节　制作和使用玩具 ……………………………………… 151
　　　一、游戏与玩具 …………………………………………… 151
　　　二、自己动手制作玩具 …………………………………… 151
　　　三、在小组里制作玩具 …………………………………… 159
　　　四、关于玩具需要记住的重点 …………………………… 159

第8章　日常生活中的沟通能力与语言能力的培养 …………… 161
　第1节　日常生活中的沟通 …………………………………… 161

一、什么是日常生活情景 …………………………………… 162
　　二、孩子在日常生活情景中可以学习什么 ………………… 162
　　三、为什么日常生活情景对教学很重要 …………………… 163
　　四、在日常生活情景中学习沟通的重要原则 ……………… 163
　　五、在日常生活情景中培养儿童沟通能力的关键点 ……… 165
　　六、小结 ……………………………………………………… 165
　第2节　儿童语言能力的培养 …………………………………… 166
　　一、单词学习基本知识 ……………………………………… 166
　　二、日常生活情景与单词学习 ……………………………… 172
　　三、关于学习单词需要记住的重点 ………………………… 176

第9章　家庭互助与学校教育 ……………………………………… 177
　第1节　家庭互助 ………………………………………………… 177
　　一、与家庭互助小组相关的问题 …………………………… 178
　　二、如何举办家庭互助小组活动 …………………………… 180
　　三、家庭互助小组活动案例 ………………………………… 183
　　四、小组活动报告的撰写 …………………………………… 187
　　五、关于家长参与小组活动时需要记住的要点 …………… 188
　第2节　听力损伤儿童与基础教育 ……………………………… 188
　　一、听力损伤儿童上幼儿园 ………………………………… 189
　　二、听力损伤儿童上小学 …………………………………… 198
　　三、关于残疾儿童上学问题的小结 ………………………… 207

结　语 ………………………………………………………………… 208
编后记 ………………………………………………………………… 210
附录：香港复康会简介 ……………………………………………… 213

第1章 听力损伤的原因与鉴别

第1节 听力损伤的类别

【家长观点】

小莫在一岁半的时候,我开始怀疑他的听力受损,所以带他去诊所看病。那里的医生告诉我,如果他到了5岁还是不能说话,就再把他带回来。然后我带他去看传统医生——我们给他的舌头做了5次音系带切开手术,但他还是一直不能说话。在小莫到了3岁时,我听说有康复中心,所以带他去了那里。从那以后,情况就有了好转。我们学会了怎样在家里帮助小莫,也教了他许多的事,他现在甚至还能帮我们做事呢!

——小莫的家长

我的邻居总是喜欢嘲笑我和小伟——他们说他既愚蠢又呆板。但是我知道他不是那样的。后来,我决定用手势和小伟交谈。我的邻居看到他能理解我,并且他很听我的话,从那天起,他们就不再嘲笑我们了!

——小伟的爸爸

因为小若耳聋,所以我对她感到很抱歉,我对她也不像我对待其他的孩子那样。过了一段时间她变得不听话了,我的丈夫和我发现在家里很不容易管住她。于是我去了康复中心,他们教我如何与小若沟通,我回家也教给了我的丈夫。慢慢地,我们开始更加了解小若,她也理解了我们。现在,她的行为不再是一个问题了。

——小若的妈妈

当我们发现莉莉耳聋时,我的丈夫和我的家人都不能接受,那令我很难过——我甚至想过要买毒药毒死莉莉,我绝望极了。但是现在,我却不能明白我当时怎么会有那种想法——莉莉能带给我许多快乐。

——莉莉的妈妈

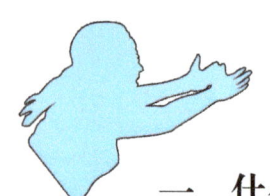

一、什么是听力损伤

● 当孩子不能像其他同龄孩子那样清楚地听到声音时,我们就说他有听力损伤。大脑的"听力中心"和耳朵受伤均可以导致听力损伤。

● 若大脑的其他部分没有受到影响,那么,听力损伤的孩子就只有听力的困难,没有智力障碍。

● 有时,一个孩子可能除了有听力损伤外,还有其他的困难,那么,这些孩子大脑的许多部分也可能受损,听力损伤可能不是他们最主要的问题。

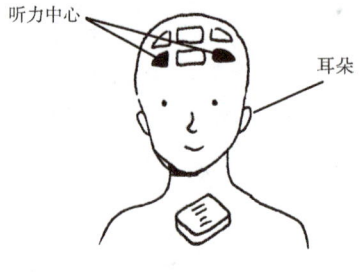

图1-1 听力系统

● 鉴别听力损伤的孩子,并在较早的年龄给予帮助是非常重要的——要帮助他们,永远都不会"太早"。如果孩子超过了3岁还得不到帮助,他以后的发育就可能会受到严重影响。关于听力损伤的鉴别,见本章第3节。

二、听力损伤的类别

● 听力损伤有不同的程度。一些听力受损的孩子可以听到很多声音,我们称他们有轻微的失聪。一些孩子在助听器的帮助下能听到声音,我们称这些孩子有中度失聪。另外,有一些孩子则只能听到非常少的一点声音或一点也听不到,且戴上助听器也没有用,我们就称这些孩子有严重或深度的失聪,他们被称为"耳聋"。轻度或中度失聪的孩子属于"听力困难"。

● 对听力损伤的孩子来说,最困难的方面可能是学习说话。如果孩子不能很好地听,那么让他很好地学习说话也会非常困难。这是因为我们是通过听周围人的交谈,以及通过听自己尝试讲话来学习说话的。但是,所有听力损伤的人都能学习沟通。

我经常听到人们说"聋哑"这个词,他们是指听力损伤人士吗?

是的。但是用来形容听力损伤人士,"聋哑"真的不是一个好的词。因为它暗示了所有听力损伤的人都是一样的,并且他们是愚蠢和不能沟通的。就像你所知道的,事实不是这样。任何使用"聋哑"这个词的人都应该受到质疑。

三、听力损伤者可以有什么样的期望

记住,我们必须帮助残疾孩子尽他所能地获得进步。如果我们对他期待得越多,他就有可能获得越多进步。如果我们对他期待得越少,他就可能得不到多少进步。所以你看,我们对孩子的期待是极其重要的——你的期待应该是积极和切实的。

听力损伤的孩子应该能够:
- 使用所有的沟通方法来有效地沟通;
- 做所有的家务活动,作为家庭和社会的一分子,应该得到重视;
- 上当地的学前班;
- 有机会接受适合他需要的初级和中级教育;
- 有机会与其他听力损伤的孩子和成人交往。

听力损伤的成人应该能够:
- 积极参加家庭和社会生活;
- 有机会接受进修和培训;
- 有就业的机会;
- 组建家庭并养育孩子。

在不同的国家甚至在同一个国家的不同地区,所能提供的这些设施和机会都有着巨大的不同。因此,我们需要在有限的资源内帮助孩子尽可能多地获得成功。

四、我们可以为听力损伤的孩子做些什么

- 改善孩子各方面的沟通技能;
- 鼓励孩子使用最适合他的沟通方式;
- 给予家长支持和指导;
- 在合适的时候,建议使用助听器;
- 为听力损伤的孩子提供聚在一起的机会,并提供他们与听力损伤的成人聚会的机会;
- 在有需要时,把孩子介绍给其他能提供专业帮助的人士/地方,例如,小学、特殊教育服务机构、医生等。

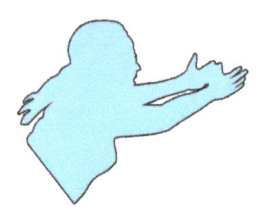

第2节 造成听力损伤的原因

前一节中我们提到，大脑的"听力中心"和耳朵受伤均可以导致听力损伤。现在让我们仔细地来看看耳朵的结构，了解造成听力损伤的原因。

一、听力是耳朵和大脑共同作用的结果

听力损伤是一个看不见的残疾，因为听力损伤的孩子看上去就像其他孩子一样。我们看不见听力损伤，因为它是头内部的损伤所造成的。现在就让我们看看头的内部。注意，虽然我们唯一能看见的耳朵部分是外耳，但是耳朵在头内的部分和"听力中心"却做更多的工作。

二、耳朵的结构

耳朵的结构如下图所示：

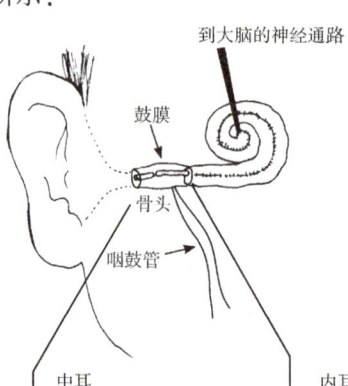

图1-2 听力中心

外耳
外耳收集声音并把它们送到中耳。有时可能会有耳垢或水珠堵在这个位置，但不会妨碍到孩子听声音。

中耳
中耳的活动像一面鼓。里面充满了空气，并且有3根极小的骨头。当有声音进入中耳时，鼓膜就振动，且骨头运动。声音就这样被传递到内耳。有时，如果中耳被感染就会充满像胶水般的物质。那样会阻止中耳内的鼓膜和骨头的正常活动，把声音传到内耳就变得比较困难了。

内耳
内耳是一个充满了像水一样物质的盘状管。在管道里有毛。当中耳的鼓膜活动时，内耳的水和毛也活动。毛的活动使信息（声音）转送到大脑的"听力中心"。然后信息被记录在大脑中。有不同的原因会导致内耳损伤，例如，母亲在怀孕中患上风疹，或一个小孩患上脑膜炎。有时原因不明。

图1-3 听觉器官

三、听力损伤与耳朵问题

当外耳和中耳出现问题时,如果能在足够早的年龄给予治疗,问题通常都是能改善的。但是,如果内耳出现问题就不像外耳和中耳那样容易治愈,且耳聋的问题是永久性的。

只是,有时我们不知道造成听力损伤的原因。

中耳的问题是造成听力损伤的普遍原因。通过正确的护理,许多此类问题都可以预防或减少。因此,要特别地护理好孩子的耳朵。当家长来寻求帮助时,我们需要知道应该给他们什么建议。以下有一些最常见的问题及其建议方法。

记住,医生通常只能帮助听力损伤孩子的相关医疗问题。

四、耳朵护理

表1-1 耳朵护理与建议

问题	建议
孩子的耳朵看上去脏吗?如果是……	用一块柔软的湿布清洁耳朵的外面。 ● 不需要清洁耳朵里面。 ● 绝不能用尖锐的东西放进耳朵,如火柴、木棍和针。
孩子的耳朵里有许多耳垢或其他东西吗?如果有……	滴两滴暖和(不烫)的油(如橄榄油)到耳朵里,每天两次。几天之后,耳垢就会自己出来。
孩子的耳朵疼或流脓吗?如果是……	立即把孩子送到当地的诊所接受治疗。

记住:

● 绝不要用尖锐的东西清洁孩子的耳朵;

● 如果你不能确定给什么建议,并且家长也担心孩子的耳朵,就把他送到当地的诊所;

● 如果孩子中耳的问题持续存在,就要带他去看医生,如果可以的话,带他去看耳鼻喉科专家以寻求更多建议;

● 中耳的问题可以治疗,但内耳的问题不能治疗。

只有在足够早的时间发现中耳的问题才可以治疗。如果孩子长期没有得

到治疗，就有可能导致严重损伤和永久性失聪。

五、听力损伤问与答

关于听力损伤有许多错误的认识，比如说，听力损伤是因耳朵的上边长了马唇肿胀而造成的；听力损伤的孩子不能说话，因为他们有舌系带；听力损伤的孩子没有其他孩子那样聪明……

现在让我们回答一些常见的问题，并真正地认识听力损伤。

表1－2　听力损伤问答

我的孩子有听力损伤，是我的过错吗？	不是，这不能怪你。造成孩子不能很好地听见有许多原因，但其中没有一个是父亲或母亲的过失。
有药物或手术能治愈孩子的听力损伤吗？	没有，当孩子的内耳有听力损伤之后，没有药物或简单的手术可以使之好转。通常，孩子听力损伤的程度不会有好转，但也不会恶化。
如果我清洁孩子的耳朵，能帮助他听到吗？	通常，孩子的耳朵是不需要清洁的，但是如果里面有许多耳垢或脓汁就最好清理。但是你必须非常小心——参考前面提到的"耳朵护理"。
我的孩子舌头有问题吗？	没有，孩子的舌头没有任何问题，他不能说话的原因是因为他听不到。
我的孩子会说话吗？	这有一部分是取决于失聪的程度和获得帮助的类型。耳聋的孩子学习说话是非常困难的。如果得到帮助，听力有困难的孩子是可以发展一些言语的。但是所有的孩子都可以学习沟通。在本书的后面有许多帮助孩子的方法。
所有听力损伤的孩子都是相同的吗？	不是，就像听得见的孩子一样，每个孩子都有他自己的特征和失聪的独特类型。一些孩子能听到许多声音，而另外一些却什么都听不到；一些能听得到高音，却听不到低音，所以你看，每个听力损伤的孩子都是不同的。
助听器可以帮助我的孩子说话吗？	助听器能给予的帮助取决于孩子失聪的程度和他的年龄。在较早年龄配戴助听器是比较好的！给比较小的有听力困难的孩子配戴助听器可能可以帮助他说话，特别是当他受到鼓励和刺激时。但是助听器本身不能帮助耳聋的孩子说话。
我的孩子能像其他孩子那样学习和上课吗？	是的，他的学习能力不受听力损伤的影响。你的孩子可以像其他孩子那样学习。但是家人在早期给他特别多的帮助是非常重要的，他在学校也需要特别的帮助。

这是一些人们常提的问题。可能你会有更多的问题——不要担心自己问得太多，或是想要了解更多关于听力损伤的知识。

第3节　早期听力损伤鉴别

一、听力损伤鉴别常识

1. 为什么需要鉴别听力损伤的孩子

- 听力损伤的孩子有特殊的需要。为了满足孩子的这些需要，必须鉴别出他是否有听力损伤，才能给他合适的帮助；
- 无论孩子的年龄有多大，都要给予其正确的鉴别，且我们的目标是要做到早期鉴别——早期鉴别是指孩子的听力困难应该在尽可能早的年龄被鉴别出来——鉴别的时间越早越好，因为我们能给年龄较小的听力损伤孩子提供更多帮助；
- 一些孩子出生时没有问题，但在后来却有了听力损伤——鉴别这些孩子并给予帮助也是同样重要的。

2. 鉴别听力时需要注意什么

- 我们需要注意孩子是否像其他同龄孩子一样对声音有反应；
- 我们也需要注意孩子是否像其他同龄孩子一样发展口头语言；
- 对声音没有反应或不发展口头语言的孩子可能有听力损伤。

那就是说所有不会说话的孩子都有听力损伤吗？
不是！有许多不同原因会造成孩子不能说话，听力损伤只是其中一个。

3. 我们如何鉴别听力损伤的孩子

我们可以通过以下方法大概了解孩子是否有听力损伤。
- 观察孩子，并和父母交谈；
- "测试"孩子的听力；
- 填写沟通评估表。

本章讨论"观察"和"测试"问题，本书第3章将会详细讨论如何对孩子的沟通能力进行评估。

二、观察孩子并和父母交谈

从以下几个角度观察孩子,以发现他可能存在的听力问题。

1. 孩子看上去是否和其他孩子一样

听力损伤的孩子看上去与其他孩子是一样的,除非听力损伤只是影响孩子听力和外貌的综合征的其中一部分。

2. 孩子能否像其他孩子那样游戏和互动

虽然在没有鼓励听力损伤的孩子沟通时,他可能会有内向的倾向,但他应该也像其他的孩子一样游戏和互动。

3. 孩子的身体状况与其他同龄孩子相同吗?

通常,听力损伤孩子的身体能力与其他孩子是一样的,但是如果他患有像脑膜炎这样的疾病,他的早期发育就有可能会被延缓。

4. 在叫孩子名字时他是否会把头转向声音的方向

听力损伤的孩子,依据其听力程度,在他的后面叫他的名字时可能会没有反应。

5. 孩子是否使用许多手势来沟通

听力损伤的孩子通常会靠手势来传递他的信息。

6. 母亲在怀孕期间是否患过任何疾病,生产时是否出现过困难

有时,听力损伤是因母亲在怀孕期间患病或难产造成的。早产儿也有听力损伤的危险。

7. 孩子是否患过任何严重的疾病

听力损伤可以由像脑膜炎这样的疾病引起。

三、测试孩子的听力

为了确定孩子是否有听力困难,除了观察他并和他的父母交谈外,我们

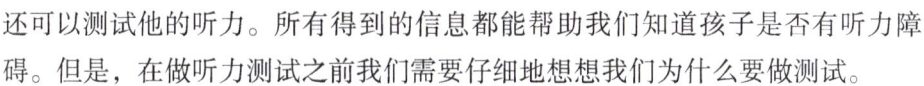

还可以测试他的听力。所有得到的信息都能帮助我们知道孩子是否有听力障碍。但是,在做听力测试之前我们需要仔细地想想我们为什么要做测试。

1. 正式测试和非正式测试

测试听力的方法可以是正式的,也可以是非正式的。

正式测试通常由接受过专业训练的人员使用技术设备来评估孩子听力的准确水平。在许多国家,正式测试听力的设备只有在医院和聋哑学校才有。正式听力测试的详细结果用于那些适合配戴助听器的孩子,并且有各种可选择的助听器。如此详细的测试结果能帮助孩子安装合适的助听器。

最好是给所有被怀疑失聪的孩子都做正式的测试。如果条件不允许,那么非正式测试也可以提供给我们一些关于决定如何帮助孩子学习沟通的信息。

非正式测试可以由任何有所需技能的人执行,它使用简单的设备和易操作的技术,并在安静、没有打扰的地方执行。非正式听力测试的结果可能不详细,但它可以告诉我们孩子是否有轻度、中度或深度的失聪。

所有被怀疑失聪的孩子都应该接受非正式测试。

2. 听力测试的方法

针对孩子不同的年龄,采用不同的测试方法。6个月~2岁的儿童,采用"干扰测试";2~3岁半的儿童,采用"协作测试";3岁半以上的儿童,采用"表现测试"。

在你开始测试之前请记住:

● 听力测试只是孩子沟通评估的一部分,因而我们必须考虑孩子发育的各个方面;

● 我们绝不能把测试结果当作最终的结果——如果我们对结果有怀疑,就必须准备好重做一次测试,并重新考虑原先的测试结果;

● 在得到测试结果后,我们需要考虑如何根据该结果来计划我们对孩子的帮助——测试结果本身没有多大意义——最重要的是我们如何使用这个结果来帮助孩子;

● 在测试时,一些孩子可能会害羞或不配合——我们可以尝试鼓励这些孩子,但不能强迫他们,如果当天的测试不成功,可以安排另外一天再试试。

四、干扰测试

这种方法适用于 6 个月~2 岁的孩子。

1. 我们能在哪里进行

- 安静、没有打扰和背景没有噪音的地方。

2. 谁可以做

需要两个有一些干扰测试知识的人,与家长和孩子一起做。

3. 需要什么

一个简单的物品(用于转移孩子注意力);
两把椅子(如果可以找到)。

4. 测试的目的是什么

- 检查孩子可以听到哪种声音,及这些声音需要有多大的音量孩子才会有反应;
- 通过从孩子背后发出不同音量的不同声音来完成。

5. 我们如何准备

- 孩子坐在家长的腿上,面对前方,头挺直;
- 一位测试者坐在家长和孩子的前面——他的任务是通过给孩子看一个小玩具来得到他的注意力,玩具不要发出声音;
- 另一位测试者坐在家长的后面,注意要在孩子的视线之外,他的任务是发出声音来影响孩子;
- 两位测试者应该多重复几次,直到他们至少有 3 次看到孩子做出明确的反应。

6. 测试过程中的分工

前面的测试者:
(1)应该持续做该活动,同时要保持安静,动作应简单。
(2)必须把注意力放在玩具而不是他自己上。

（3）必须避免去看另一位测试者。

（4）当后面的测试者发出声音时，一定不要对其做出任何反应。

家长：

（1）当后面的测试者发出声音时，必须注意不要有任何形式的反应，比如移动身体或转身。

（2）必须抱住孩子，这样他既可以坐稳，又可以自如地转身。

后面的测试者：

（1）必须确定孩子没有注意到他的存在。

（2）必须保持在孩子的视线之外。

（3）必须确定孩子不会看到他的影子。

（4）应该从1米远并与孩子耳朵处于等高的地方发出声音，且保持在孩子的视线之外。

图1-4　听力测试

7. 我们应该使用什么声音

- 高频率和低频率的声音都要使用；
- 要发出高频率的声音，测试者可以清晰地发"S"的声音，并有韵律地重复；
- 要发出低频率的声音，测试者可以发出"嗡嗡"声；
- 声音要尽量地小，只有在孩子没有反应时再逐渐提高音量。

让我们现在就开始测试吧！

1. 前面的测试者平静地吸引孩子的注意力。

2. 前面的测试者平静地盖上引起孩子注意力的东西。后面的测试者准备对准孩子的一只耳朵发出声音。

3. 后面的测试者发出声音。如果孩子有反应，就用一个微笑来表扬他。如果孩子没有反应，就提高音量直到他有反应。

4. 前面的测试者再次吸引孩子的注意力，后面的测试者对孩子另一只耳朵发出声音，重复刚才的过程。高频音和低频音在每只耳朵都必须出现几次。前面的测试者需要安静地观察孩子的反应。

图1-5 听力测试过程

五、协作测试

协作测试适用于2~3岁半的儿童。

1. 我们能在哪里进行

- 安静、没有打扰和背景没有噪音的地方。

2. 谁可以做

- 一个具有一些协作测试知识的人,加上孩子。建议再有一个人,最好是家长。

3. 需要什么物品

- 4种孩子熟悉的物件——尽可能使用成对的、其名称有类似发音的物件,例如杯子/报纸、勺子/鞋子,想一些适用于你们语言的这类物品。

4. 测试的目的

- 检查孩子能否听到非常小声的简单指令,及能否听出类似声音之间的区别。

5. 测试方法

1.孩子坐在家长的腿上,家长和孩子面对测试者。在孩子面前放一张小桌子,上面放一些物件。

2.测试者分别拿出各样东西,并向家长确认孩子是否认识这个物件。当测试者把物件放在桌子上时,给孩子看并说出它的名字。

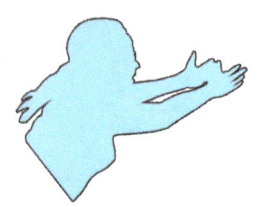

3. 测试者应该排列好桌子上的东西，使它们成为一个每样东西间隔20厘米的半圆。并在开始测试前对孩子解释要做什么。

4. 测试者用正常交谈的声音问孩子："勺子在哪里啊？"如果孩子没有指出或看勺子，就接着说"看看勺子"。测试者需要仔细观察，看孩子是否做出一个明确的指示，或用眼睛凝视那个东西。

注意：如果没有椅子和桌子，也可以在地板上测试。

5. 在孩子做出正确的反应后要表扬他。再给孩子3个指令，直到他习惯这个游戏。现在开始测试。

6. 测试者应该降低他的声音到最低的水平，盖上自己的嘴，避免给孩子视觉线索，给孩子更多的指令。测试者必须注意孩子如何对指令作出反应及其在哪种音量水平做出反应。

图1-6 听力测试方法

6. 重要提示

- 使用很小的声音，但不是耳语；
- 在你发出测试指令时，注意不要让孩子看到你的嘴；
- 偶尔移动物品的位置，这样孩子才不会按顺序来做出反应，还能保持孩子的兴趣；
- 确保物品之间有足够的距离；
- 只要孩子明确地在看物品，就应该奖励他。

六、表现测试

表现测试适用于3岁半～5岁的儿童。这个测试也可以称为"'放'的游戏"。

1. 我们能在哪里进行

- 安静、没有打扰和背景没有噪音的地方。

2. 谁来测试

- 两个或三个人，其中至少一个人有一些表现测试的知识，以及孩子。

3. 需要什么物品

- 一个容器（像一个罐子）和一些可以放进容器里的小东西（例如石头、瓶子盖）。

4. 测试的目的

- 通过让孩子把小东西放进容器里，以及孩子对出现在耳朵边每个高低频声音的反应来检查孩子可以听到哪种声音。

5. 如何准备

向所有参加的人解释活动：
（1）在做游戏的人附近有一堆石子和一个罐子。
（2）他观察测试者并仔细地听。
（3）每次测试者说"放"的时候，他就往罐子里放一块石头。
让其中一个大人来做这个游戏，这样孩子可以看到如何做。

当测试者说"放"的时候,为了把孩子的注意力吸引到声音上,应该使用视觉提示,例如提起眉头或点点头。

- 邀请孩子参与游戏。

开始时,测试者在说"放"的同时要引导孩子的手把石子放进罐子里。在经过四五次这样的练习之后,孩子应该可以准备好自己放石子了(如果在尝试了20次以后,他还是没有准备好自己放石子,那有可能是因为他的年龄还太小,做不了这个测试)。

在孩子习惯了这个游戏之后就可以正式开始测试了。游戏时发出的音量要适中,并给予视觉提示。

6. 应该使用哪些声音

测试者可以使用"放"和"SSS"的声音,从最低的音量开始,然后再逐渐提高音量直到孩子有所反应。

7. 测试过程

有严重身体残疾的孩子做这个测试可能会有困难。对他们来说使用协作测试或许会更适合。请思考,你可以如何通过对测试进行改变来帮助身体残疾的孩子?

1.测试者要在不让孩子看到他的脸的位置。他可以坐在孩子的一侧,稍微靠后一点,距离一只手臂的位置。要鼓励孩子注意游戏,而不是测试者。

2.测试者说"放",孩子应该做出反应,把石头放进罐子里。每次说"放"的间隔应有所变化,这样孩子就不会按节奏作出反应。应该使用较低的音量,只有在孩子没有反应时,才提高音量。

第 1 章 听力损伤的原因与鉴别

3. 继续说"放",直到孩子做出稳定的反应。然后再改变提示音到"SSS"。在头两次引导孩子的手,直到他习惯新的提示音。

4. 像先前一样继续测试,只是现在要使用"SSS"的声音。注意孩子在什么音量水平会有反应。从孩子的另一侧重复这个测试,以检测孩子的另一只耳朵。

图 1-7 测试的改变及作用

这个测试对智障的孩子可能会比较困难。协作测试,甚至干扰测试对他来说会比较容易些。请思考,听力损伤是孩子的最大困难吗?还是我们应该关注孩子其他有困难的方面?

七、测试结果评估

好的。你已经告诉了我如何为孩子的听力做非正式的测试。但是,现在我需要知道如何解释我的测试结果。怎么知道我们测试的孩子是否失聪?

问得好!现在就让我们来看看这个问题。

1. 我们如何知道孩子是否失聪

请记住以下指南:

● 没有失聪的孩子,即使是向他发出很小的声音,他也会有反应,并且听得到所有的说话声;

● 有轻度失聪的孩子,声音只要稍微比正常的大一些,也会做出反应——他对非常低的声音没有反应,他在正常的音量水平可以听到交谈的声音,但是可能无法听到所有声音;

● 有中度失聪的孩子,除非声音比正常的大许多,否则他不会有反应——他听不到人们正常音量水平的交谈,但有可能听到较大的声音;

● 有深度听力丧失的孩子，可能对任何声音都没有反应——或只能对非常大的声音有反应。即使人们大声交谈，他也不能听到。

2. 一些与听力无关的原因也会妨碍孩子对声音做出反应

● 对于测试来说孩子的年龄可能还太小——那就让家长等孩子再长大几个月后再回来；

● 在测试的那天，孩子可能感觉累或不舒服——建议家长等孩子身体状态良好的时候再来进行测试；

● 孩子可能有身体残疾，不能转动他的头或使用他的手——需要仔细观察孩子可能做出的任何反应——肢体的运动、眼睛的运动等；

● 孩子可能有智障——这可能会影响他做出反应——注意看孩子发育的各个方面，并找出孩子主要的困难是什么。

请不要忘记——熟能生巧！

八、关于听力测试需要记住的重点

● 在做听力测试之前，要把孩子作为一个整体来看，并检查他发育的其他方面；

● 如果可能，应该为被怀疑有听力损伤的孩子做正式的听力测试；

● 非正式的听力测试能提供我们关于孩子听力水平的信息——它能帮助我们为孩子选择最适合的沟通方法；

● 应该根据孩子的年龄来做不同的听力测试；

● 听力测试只是我们帮助听力损伤孩子工作中的一部分；

● 在做完听力测试之后，给家长后续措施的建议是必不可少的——只知道听力测试的结果，对家长来说用处并不大；

● 听力测试的结果会影响我们决定要怎样帮助孩子——我们必须总是向家长清楚地解释这些结果；

● 测试孩子的听力，不可能永远不出错——我们可能会犯错，孩子也可能会不配合——所以我们要随时准备好为孩子重新测试听力并重新考虑测试结果。

因为沟通是听力障碍孩子主要的困难，所以也是最需要帮助的方面。

为了达到使孩子能够有效沟通的长期目标，我们需要为孩子的沟通技能做评估（见第3章）。这样，我们就可以制订合适的短期目标来帮助孩子达到长期目标（见第4章）。

第2章 沟通能力概述

第1节 什么是沟通

一、沟通的基本概念

1. 沟通的概念

沟通是指人与人之间互相发送（表达）和接收（理解）信息。这个定义意味着：首先，沟通必须包括两个或更多的人，一个人无法沟通。其次，沟通活动需要用一定的媒介（主要的媒介是语言），传递（发送和接收）有意义的信息。

这些信息的表达方式（或者说媒介），主要有三大类：语言、副语言以及其他符号。

语言包括口语和书面语，也就是说、写和读出来的话。

副语言指与话语同时或单独使用的手势、身势、面部表情、对话时的位置和距离等，是我们通过声音的声调、面部表情和身体姿势等发送的信息，主要包括表情、动作、服饰。也叫肢体语言。

除语言和副语言，人们还可以使用其他符号表示意义，如红绿灯、图片。

2. 我们为什么需要沟通

通过沟通可以表达我们的需要、感觉和想法。我们接收和发送信息，用这个方法来建立自己的特质和每个人的个性。

沟通能够使我们控制那些发生在我们身上的事情。

能够有效地沟通是建立人际关系及融入人群的重要步骤。

3. 沟通从何时开始

当孩子在出生后发出第一声哭泣、母亲做出反应时，沟通就开始了。所以沟通在孩子说出第一个词之前的很长一段时间便早已开始了。

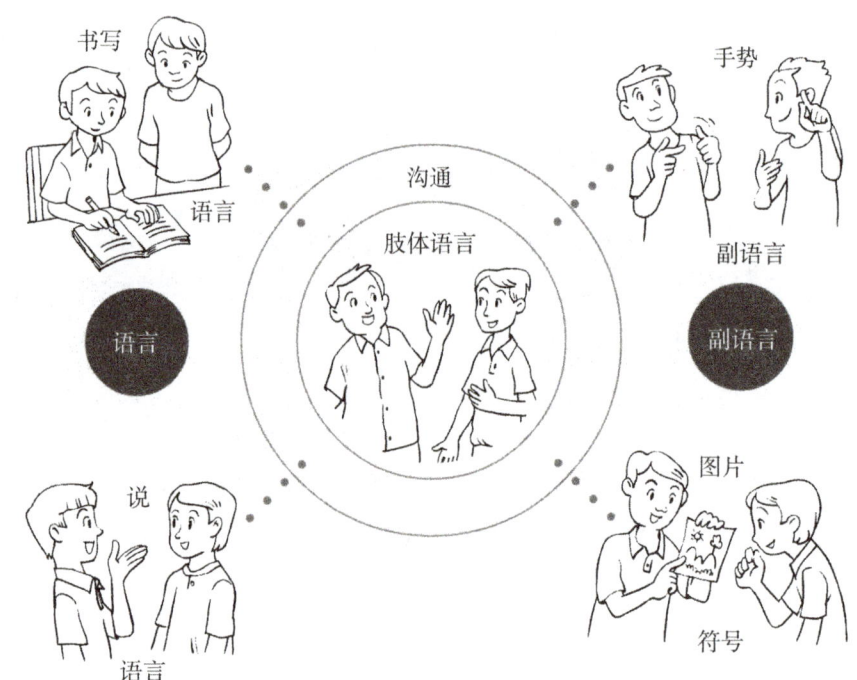

图2-1 沟通与媒介

4. 沟通有哪些步骤

许多人认为沟通是一个简单的过程。我们很难对此多加考虑,因为对许多人来说,沟通很容易就发生了。

但是,如果我们真正地思考沟通到底包括了什么,就会惊讶地发现原来沟通的过程是很复杂的。沟通包含了如下步骤:

(1)听到或看到信息。

(2)记录听到或看到的信息。

(3)认识看到或听到的信息。

(4)理解信息的意思。

(5)决定做出反应。

(6)决定做出什么反应。

(7)选择信息的媒介——语言、副语言、符号。

(8)确定符号的顺序。

(9)发送信息,检验并纠正信息。

第 2 章 沟通能力概述

以上步骤可以简化为：感知信息—理解信息—做出反馈—反馈信息检验。

二、沟通循环

从接受信息到给予答复所涉及的各个步骤重复进行，就构成了沟通循环。沟通循环的过程可以图解如下：

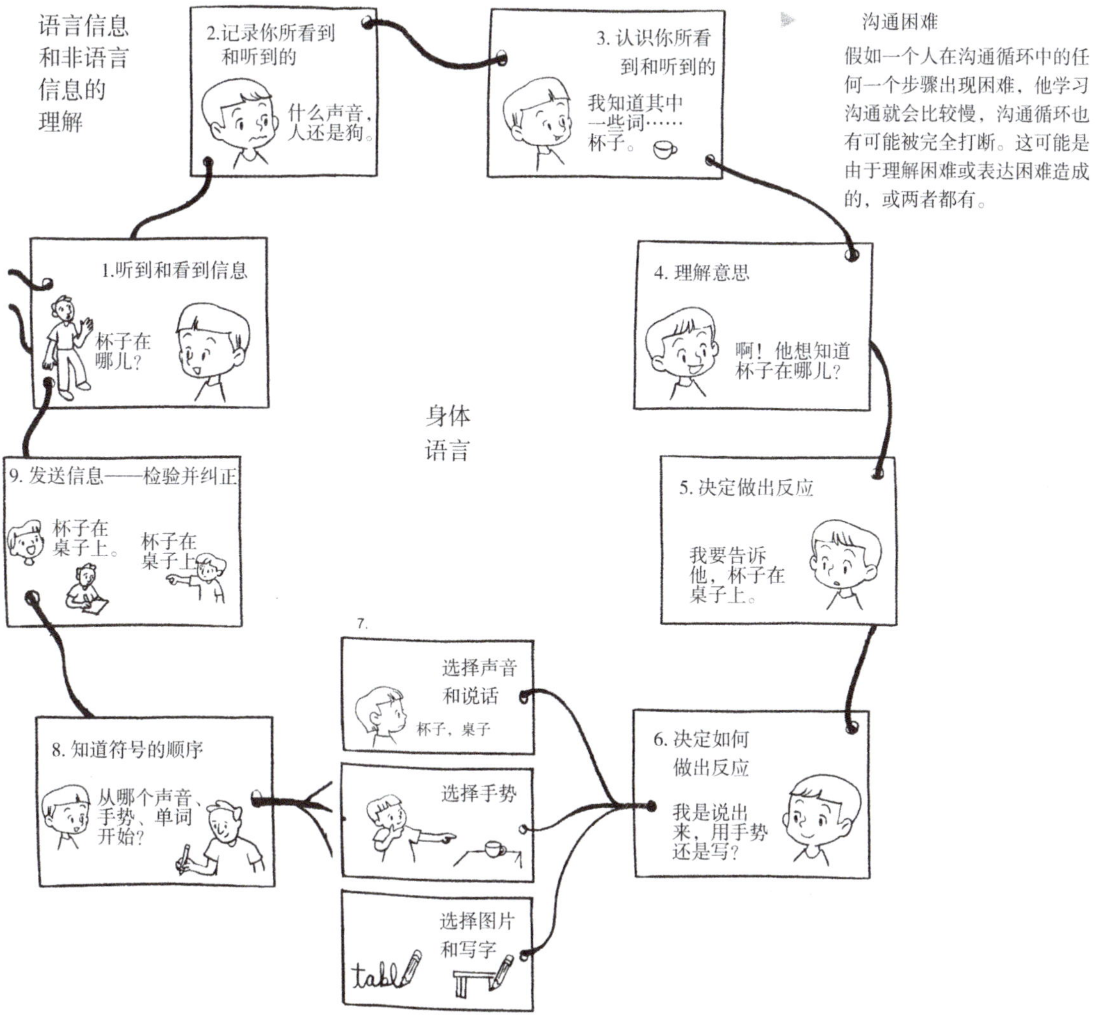

沟通困难

假如一个人在沟通循环中的任何一个步骤出现困难，他学习沟通就会比较慢，沟通循环也有可能被完全打断。这可能是由于理解困难或表达困难造成的，或两者都有。

图 2-2 沟通循环

如果在上面的沟通循环中的任何一个步骤出现困难,孩子在学习沟通方面就会比较慢,沟通循环就可能被完全打断,这就构成了沟通困难。

沟通困难可能是因为理解困难或表达困难造成的,也可能是因为同时具有理解困难和表达困难。

三、信息媒介

沟通循环需要信息媒介,这些媒介可以把一些符号放在一起来组成其他人能够理解的、有意义的信息。而如前所说,信息媒介包括语言(单词——写的或说的)、副语言(手势、身体姿势)和其他符号(比如图片)三种。

信息媒介需要理解(沟通循环的第1—4步)和表达(第5—9步)。在沟通时,我们通过信息媒介把头脑里的信息向其他人表达出来。

我们在沟通时会联合使用所有这些语言的不同类型,但是我们通常采用一种语言方式。而口语沟通是其中最常被采用的一种,因为使用口语的效率比较高。其他的语言类型起补充的作用。然而,不是所有人都能学会使用口头语言的。所以,我们必须记住,所有类型的语言都可以用来进行有效的沟通。

图 2-3 信息媒介

1. 使用信息媒介表达

我们在沟通时会联合使用所有的信息媒介,但是我们通常采用一种媒介方式。语言沟通是其中最常被采用的一种,因为使用语言的效率比较高。其他的媒介类型起补充的作用。

然而,不是所有人都能学会使用语言的,所以,我们必须记住,所有类型的媒介都可以用来进行有效地沟通。

2. 不同信息媒介所需要的工具

要使用各种不同的信息媒介,我们需要某些"工具"。
口语沟通需要使用嘴唇、舌头、硬腭、喉和肺。
书面语沟通(写/读)需要使用视觉和手控能力。
手势/身势语除了使用整个身体外,还需要有胳膊和手的控制能力。
用图片沟通,需要使用视觉和手控能力。
但是,记住——单有这些工具对信息沟通来说是不够的——我们需要的最重要的工具是理解能力和学习能力。

3. 语言

我总是认为言语和语言是同一回事,但是我后来发现它们其实是不同的。想知道为什么,请继续看……

图2-4 言语

言语是声音的产物,把这些声音按顺序放在一起就成了一个词。
口头语言是把一些词按一定的顺序放在一起而组成一个有意思的句子。
言语是口头语言所借助的工具。
口头语言在沟通循环的第9步提到了。

图2-5 口头言语

假如你还不清楚言语和口头语言之间的区别，试试这个活动：

（1）让一个与你说不同语言的朋友告诉你一个单词。

（2）在你的朋友说出后，你多次重复它。

图2-6　单词

（3）注意，你能说出这个单词，但是由于你不能理解它的含义，它对你来说就是没用的，这是一种沟通吗？

（4）现在让你的朋友告诉你这个单词的含义。

图2-7　单词的含义

（5）你看，在理解了这个词的含义后你就可以用它来沟通了。

这是语言，是沟通的基本部分。

所以你看——

教一个人在不理解单词意思的情况下重复说这个词，这不是语言，对沟通也没有用。一个人必须能够把他所听到的词与相关的思想或物品联系起来，才算是有意义的语言。

4. 副语言之肢体语言

我们已经提到过肢体语言。肢体语言包括声音的音调、姿势、面部表情及穿着风格。换句话说，就是我们在沟通时所传递的非口语信息。

无论我们是否使用口语和非口语沟通，我们每个人都使用肢体语言。

你知道吗？沟通中的主要信息是通过肢体语言发出来的。

不知道——你的意思是什么？可以解释吗？

好，来试试这个活动。

用难过的面部表情对你的朋友说"我非常高兴"。

用高兴的面部表情说"我很难过"。

图2-8 肢体语言

你的朋友会相信你的脸，还是你的话？

所以你看，当我们说话时，人们趋向于相信我们通过肢体语言所传递的信息多于说出的信息。这恰恰说明了肢体语言在沟通和信息传递中的重要性。

肢体语言是沟通循环中必不可少的部分。假如参与发送和接收信息的两个人，任何一方没有良好的肢体语言技能，沟通循环就有被打断的危险。

拥有好的肢体语言技能，意思是指：

（1）善于倾听并感兴趣。

（2）有视线接触。

（3）轮流发送和接受信息。

（4）善于使用面部表情和声音音调。

（5）有合适的姿势。

（6）不要说得太多或太少。

5. 肢体语言的运用

现在请试试以下的这个活动，它说明了每一项肢体语言技能对成功地沟通有多重要。

选择一个朋友和你谈话，并尝试使用以下每个活动：

在你的朋友对你说话时，假装不听她在说什么，并表现出没有兴趣。

在朋友对你说话时，靠近她并盯着她的眼睛，凝视着她——一直盯着她看。

在和你的朋友谈话时，你很少说话。即使轮到你说时，你还是闭着嘴。

用非常大的音量，单调的声音对他说。

让你的朋友坐在椅子上。站在靠她非常近的地方，向下看着你的朋友，并对她说话。

在和你的朋友谈话时，大部分的时间都是你在抢着说，不给她说话的机会。

图2-9 肢体语言的运用

在尝试了以上每个活动之后考虑：
在不同的情景中，你的感受如何？
在不同的情景中，你朋友的感受如何？
通过这些活动，你会发现使用劣质的肢体语言能很快破坏沟通循环。所

以,尽可能有效地使用肢体语言,对于我们在沟通循环中发挥自身的作用是很重要的。

6. 有效运用肢体语言的技巧

请记住:

在其他人对你说话的时候,仔细倾听并表现出你感兴趣。

在别人对你说话时要看着他,但不要凝视。

在对话中要轮流互动——不要说得太多,也不要说得太少。

在谈话时,使用适当的面部表情和音调。

使用合适的姿势,使别人感到舒适。

在谈话中,信息发送者和接收者之间保持平衡——不要由一个人控制谈话。

四、沟通需要记住的重点

沟通在出生时就开始了。

沟通是人们之间双向交流的一个过程——它必须包括两个或更多人。

沟通包括发送一个有意义的信息和理解所接收到的信息。

我们使用语言来沟通。

语言可以是口语或非口语的。

肢体语言是沟通必不可少的部分。

说一些不能理解的单词,对于沟通是没有帮助的。

成功的沟通必须包括许多不同的步骤。如果参与的任何一方在任何一个步骤出现困难时,沟通就会被打断。

沟通的前提是需要有沟通的人和需要沟通的内容。

第2节 沟通能力的正常发展

为什么了解孩子正常的沟通发育是重要的?

嗯……只有知道什么是正常的,才能知道什么是不正常的。我们只有了解了孩子所要经历的正常发育阶段,才能弄清楚他是否有问题。

很好,但是我认为每个孩子的发育速度是不同的,对吗?

对,每个孩子是不同的,孩子在不同的年龄做不同的事——例如,有的孩子在一岁时就开始说话,有的可能在一岁半时才开始说话。但是,我们却可以预计一个孩子在某个平均年龄能够开始做哪些事情。例如，我们认为一个孩子应该在两岁前能说话，如果他不会说，我们就会开始好奇为什么他还不会说话。所以，了解一个正常孩子能够获得某种能力的平均年龄对我们很重要。这样，当孩子发育迟缓，或他可能需要帮助时我们才能注意到。

一、"健康之路"表

"健康之路"表显示了孩子正常的发育速度，也包括了一些发育历程的信息。它包括发育的各个方面，而不仅仅是沟通，因为没有哪一个方面是独立发育的，各方面都是互相影响的。我们需要更详细地了解有关正常发育的知识。

表2-1 "健康之路"表

年龄	沟通	粗大运动	视觉/精细动作	日常生活活动
出生	在出生时哭。	肢体的随意运动。	可以很好地吸吮。脸颊活跃，嘴唇裹住奶头。	吸奶。
3个月	朝发出声音的方向看。对他说话时发出咕咕声和咯咯声。有视线接触。	俯卧时可抬头。坐位时头稳定。躺卧时身体能对称。	能180度地追视运动的东西。可把手放在中线。	把所有物品放进嘴里。
6个月	立即转向声音，喜欢呀呀学语，听声音。	可自己支撑着坐。	能看，伸手抓取握住玩具。	把所有物品放进嘴里。

第 2 章 沟通能力概述

续上表

年龄	沟通	粗大运动	视觉/精细动作	日常生活活动
9个月	仔细听声音。能理解"不"和"再见"。发出各种声音。	尝试爬行。坐位时可以转身。尝试拉物站起。	寻找掉落的物品。抬起小物品。能把玩具从一只手放到另一只手上。	能咀嚼固体食物。开始自己吃饭。
12个月	理解单词和简单指令。咿呀学语听起来像真正的语言如:"妈妈""爸爸"。	能站。可能尝试走。	能用手指远方的东西。用两个手指抓住物品。	尝试用杯子喝水。
18个月	理解简单指令。伴随手势,可以说出一些较易理解的词。能挥手"再见"。	走得好。能蹲着玩。	喜欢图片。可以把一个物品放在另一个物品上。	可以脱简单的衣服。
3岁	能听故事。在简单的对话和游戏中能轮流参与。能说简单的句子。	能够跳。可以单腿站几秒。	能把大珠子串在一起。可以握笔模仿画圆圈和十字。	学习自己如厕。
5岁	可以很好地说出所有单词。能像成人那样说话和理解。	能单腿跳和跳跃。喜欢球类游戏。	模仿写字母。可以抓住小球。	自己洗澡和脱穿衣服。帮助简单的工作。

二、"健康之路"表中涉及的正常沟通能力

为了能够沟通,孩子需要具有许多不同的能力。

从孩子出生并发出第一声啼哭时,这些能力就开始发展了。

我们可以把这些沟通能力看作是建造房子所用的砖块。

就像把砖块拼放在一起造成房子一样,各项沟通能力一同发展能使孩子使用口语来沟通。

沟通所需的能力有:注意力、听力、模仿能力、轮流互动、游戏能力、理解能力、肢体语言、言语。

三、"沟通房子"

前述沟通需要的能力构成的"沟通房子",如下图所示。

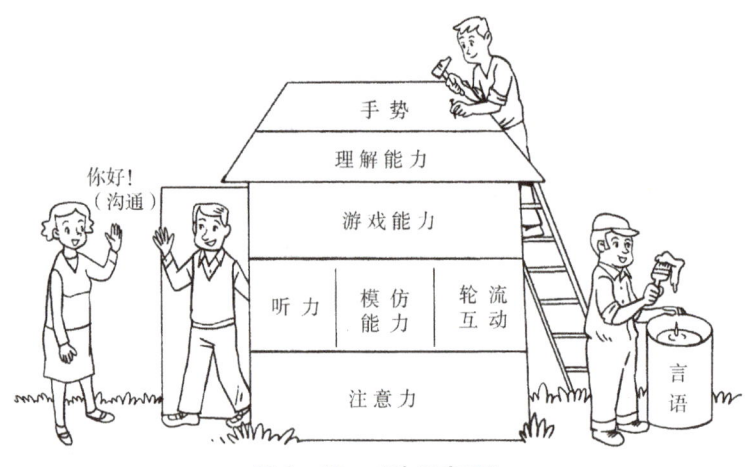

图2-10 "沟通房子"

四、沟通能力的发展

沟通能力不是独立发展的,而是彼此依靠的。

每项能力都是按照自己的发育阶段来发展的。

在孩子第一次看到妈妈的脸时,注意力就开始发展了,并能发展成能够长时间集中注意一个活动的能力。

当孩子对所有声音变得有意识,并开始做出反应时,听力就开始发展了,并开始发展成有选择性的听力能力。

当母亲模仿婴儿的动作和声音，婴儿也相应地模仿母亲的动作和声音时，轮流互动和模仿能力就开始发展了，并发展成能够在会话中轮流互动的能力。

当孩子喜欢自己发出声音并听声音，以及观看并触摸脸时，游戏能力就开始发展了，并发展成能参与复杂的、有规则的游戏的能力。

当孩子开始明白他所看到和听到的事时，理解能力就开始发展了，并发展成理解成人语言和复杂情境的能力。

孩子哭并扭动他的身体，而妈妈也对此做出反应，这时肢体语言就开始发展了，并发展成能够使用更复杂的肢体语言的能力。

当孩子发出咕咕声和儿语时，言语就开始发展了，并发展成能够说出单词和句子的能力。

五、孩子如何学习沟通所需要的能力

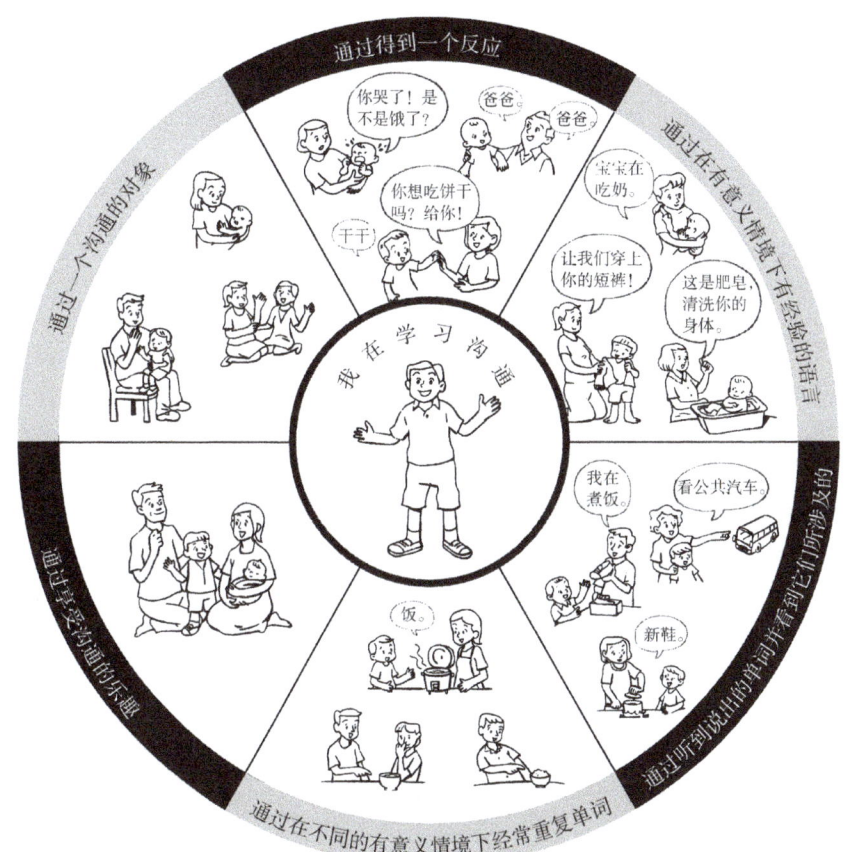

图 2-11 沟通能力

你知道吗？孩子在出生的时候他就具备了学习任何语言的潜能，比如西班牙语、恩德贝勒语、修纳语、英语、汉语。但是他首先学会的语言是他听到的周围人说得最多的语言。如果一个孩子是在说两种语言的家庭里长大，那么，他将学会这两种语言。

六、关于沟通正常发展需要记住的重点

孩子一出生就开始学习沟通——远在他说出第一句话之前。

沟通的正常发展需要许多能力。

孩子通过每天和他周围的人相互交流来发展沟通能力。

孩子先理解情景和单词，然后才能够表达。

运动能力上的发展缺陷容易察觉，而早期沟通能力的发展缺陷则不那么明显。因此，我们需要对孩子的沟通能力加以注意。

孩子各方面的发展都是有关联的，如果孩子在某个方面有困难，这也会影响到其他方面的发展。

一个孩子可能仅在沟通方面有困难。有时候，孩子的发育会全面滞后，其中某些方面的发育比其他方面更加迟缓。

孩子各方面的发育都是同样重要的。如果孩子发育的多方面都出现困难，我们就应该对孩子各方面都做出帮助而不能有所遗漏。

一个孩子需要 5 年或更长的时间，才能充分地发展他的各项沟通能力。

第 3 节 对沟通困难的早期识别

就像对待所有的残疾孩子一样，尽早识别有沟通困难的孩子，并给予帮助是极其重要的，特别是在孩子 5 岁之前。

一、为什么早期识别孩子的沟通困难很重要

因为：

（1）孩子生命中的头 5 年对于发展沟通能力是至关重要的。错过了那段时间，要改善孩子的沟通能力就会非常困难，并且他可能永远都追不上其他的孩子。

（2）如果没有在早期帮助孩子改善沟通能力，父母和孩子双方都有可能

放弃尝试，沟通循环就可能被打断，而我们的目的就是要避免沟通的停止。

（3）语言和沟通能力是将来所有学习的基础，如上学、读书写字、交朋友、成为社会的一分子。如果没有在早期帮助孩子，以后这些能力就不能得到发展，将会给孩子带来长期的不利影响。

二、我们应该注意什么

要想尽早识别一个孩子是否存在沟通的问题，我们应该注意以下几点：

所有的孩子都有发生耳聋的可能性。

妈妈/照顾者是否怀疑或担忧孩子不能像其他孩子那样地听或沟通。

我们应该注意孩子是否有以下问题：

6～8周时，对说话声音或日常的声音还没有反应。

3～4个月时，还不会对人或东西表现出感兴趣。

10个月时还没有牙牙学语的迹象。

2岁时还不能说出一个单词。

3岁时还不会使用简单的句子。

4岁时还不会使用别人能理解的语言。

5岁时还不会使用较长的、像成人所说的句子。

6岁时还不能参与成人的谈话。

三、孩子沟通困难的原因

1. 造成孩子沟通困难的5种原因

到此为止，我们了解了：

什么是沟通（第1节）；沟通的正常发展（第2节）；以及早期识别的重要性。

现在我们要看看造成孩子沟通困难的主要原因，这些原因包括：

（1）听力损伤。如果孩子有听力问题，他们学习"说话"将非常困难。这是因为我们通过去听周围人的谈话及自己尝试说话来学习说话。

（2）智力障碍。有些孩子学习和理解周围环境比较缓慢。他们学习沟通所需的能力也会比较困难。

（3）脑瘫。如果孩子对自己身体的肌肉没有良好的控制和协调能力，他们做任何运动都会有困难，包括那些为了能发声和说话所需的运动。

（4）多重残疾。有些孩子有许多不同的残疾，严重影响到他们学习和理解周围环境的能力。通常，这些孩子在沟通方面只具有非常基本的能力。

（5）言语特殊困难。虽然有些孩子没有以上任何一种残疾，但他们仍然有言语困难。我们不得不承认，有时候我们不知道导致一些孩子沟通困难的原因是什么。

2. 孩子成功沟通需要的感觉器官和能力

为了能成功地沟通，孩子需要沟通的物件、沟通的事物以及某些感觉器官和能力。

为了能成功地沟通，孩子需要：

（1）沟通的物件。　　　　　　（2）沟通的事物。

图2-12 沟通的物件

图2-13 沟通的事物

（3）某些感觉器官和能力

下面的图解说明了沟通所需的感觉器官和能力：

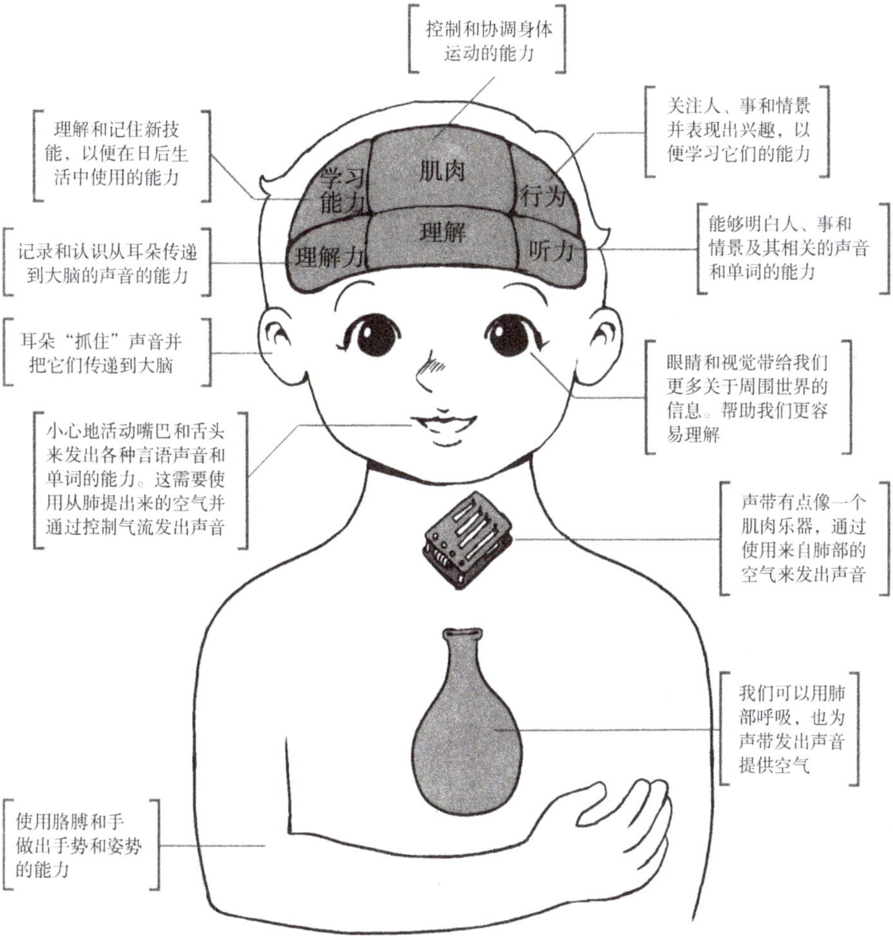

图2-14 感官器官和能力

3. 感觉器官和能力的缺陷对沟通的影响

如果一个孩子在上述任何一个方面有问题，他就会有沟通困难。

现在让我们看看导致沟通困难的那些问题，是如何影响孩子的感官和能力的。

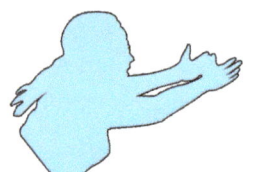

听力损伤是由于以下部分受损：
大脑的听力中心
耳朵

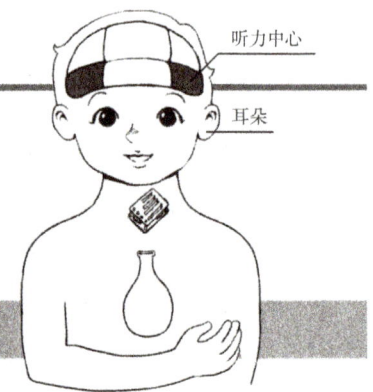

智力障碍影响的方面包括：
学习能力
理解能力
行为

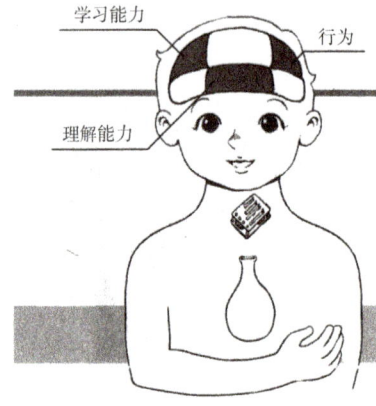

脑瘫的起因是由于以下部分受损：
大脑控制和协调所有肌肉运动的部分，包括：嘴唇、舌头、硬腭、声带和肺

第 2 章 沟通能力概述

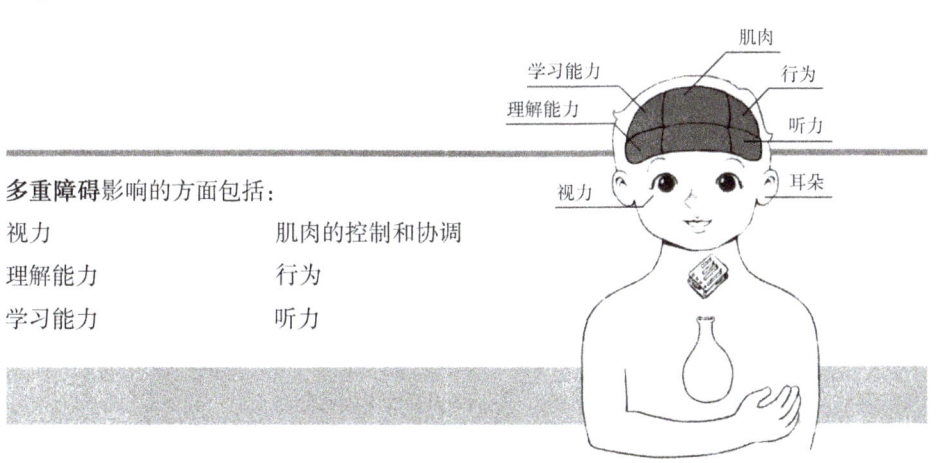

多重障碍影响的方面包括：
视力　　　　　肌肉的控制和协调
理解能力　　　行为
学习能力　　　听力

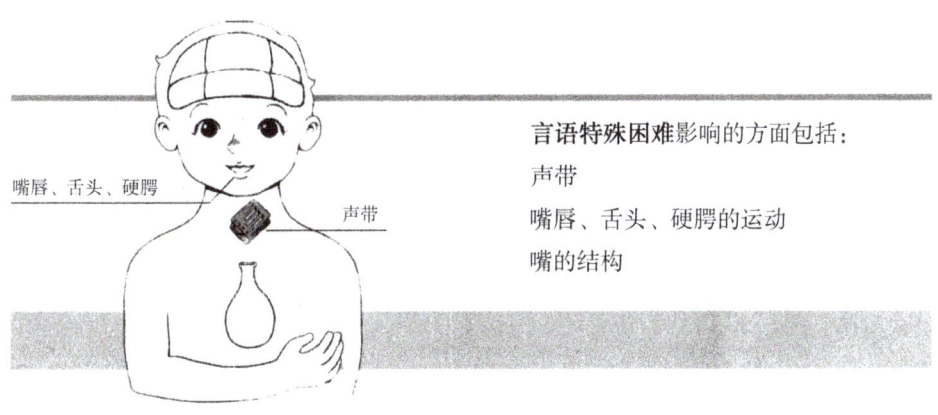

言语特殊困难影响的方面包括：
声带
嘴唇、舌头、硬腭的运动
嘴的结构

图 2-15　感觉器官损伤导致的沟通障碍

【小提示】

你知道吗？

舌系带不是造成沟通困难的原因！

如果孩子不会说话，许多人认为只要剪开舌系带来放松舌系，孩子就会说话了。但事实不是这样的。

思考以下的事实：

舌头下面的皮肤（舌系带）本身不能活动舌头，而是舌头内部控制运动的肌肉活动舌头。所以，如果孩子的舌头不能很好地活动，那是肌肉的问题，而不是舌系带的问题。

如果孩子有活动舌头的问题（但是没有其他妨碍他说话的问题），那么他应该会说话，但他的言语不会很清楚。换句话说，他的语言还可以。

能够活动舌头只是说话所需的其中一个技能。记住，除了活动舌头以外，能够说话还关系到很多其他的技能。

为了更清楚这一点，试试这个活动……

把你的舌头放在下排牙齿的后面。

现在，舌头不要动，对你的朋友说一些事。

"瞧，你还是可以说话的，只是说得没那么清楚而已。"

"但是，剪开舌系带会伤害我的孩子吗？"

"是的！剪开舌系带会给孩子带来疼痛和痛苦。另外，如果手术不那么卫生，还可能会引起感染。并且舌头可能无法很好地痊愈。实际上，所有这些问题都可能会使你孩子的问题变得更严重。"

所以，剪开舌系带对孩子的沟通困难没有帮助。它不是解决问题的方法。

四、关于导致孩子沟通困难的原因需要记住的重点

为了能够很好地沟通，孩子需要许多不同的能力。假如他在任何一方面有问题，沟通困难就会出现。

孩子有困难的方面越多，他的沟通问题就越严重。

很多时候，孩子有沟通困难是由一些不可见的损伤导致的——大脑或耳朵的损伤。

有时，孩子嘴部结构有一些异常也可能是导致沟通困难的原因。舌系带不是导致沟通困难的原因。

某些其他因素，如缺乏刺激（干预）、情感的忽略、缺乏鼓励，都可能造成或促成孩子的沟通困难。

恶魔不会造成沟通困难。

有沟通困难的孩子的智力可能是正常的。

即使不知道造成孩子沟通困难的原因，我们还是可以帮助孩子的。

第4节　听力困难儿童沟通能力问题

一、听力困难儿童的沟通循环

我们已经说过，沟通会成为听力损伤孩子最困难的方面。让我们看看对

第 2 章 沟通能力概述

于听力损伤孩子来说,他的沟通循环将在哪里被打断。

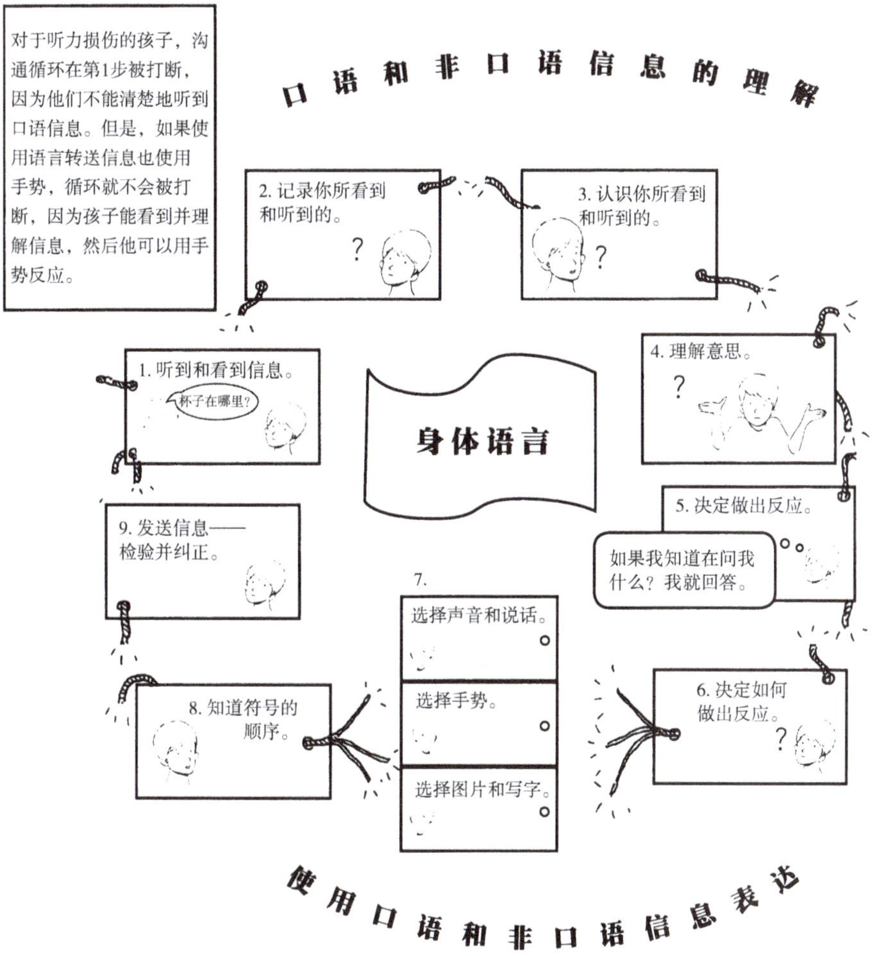

对于听力损伤的孩子,沟通循环在第1步被打断,因为他们不能清楚地听到口语信息。但是,如果使用语言转送信息也使用手势,循环就不会被打断,因为孩子能看到并理解信息,然后他可以用手势反应。

口语和非口语信息的理解

2. 记录你所看到和听到的。
3. 认识你所看到和听到的。
1. 听到和看到信息。 杯子在哪里?
身体语言
4. 理解意思。
9. 发送信息——检验并纠正。
5. 决定做出反应。 如果我知道在问我什么? 我就回答。
7. 选择声音和说话。 选择手势。 选择图片和写字。
8. 知道符号的顺序。
6. 决定如何做出反应。

使用口语和非口语信息表达

图 2-16 听力困难儿童的沟通循环

听力损伤的孩子:
- 通常能理解手势信息,但理解口语信息可能有困难;
- 知道自己想说什么;
- 可以用手势表达自己,但使用言语有困难。

二、对听力困难儿童只使用口语沟通时存在的问题

当我们对听力损伤孩子只使用口头语言时,沟通循环会发生什么事?

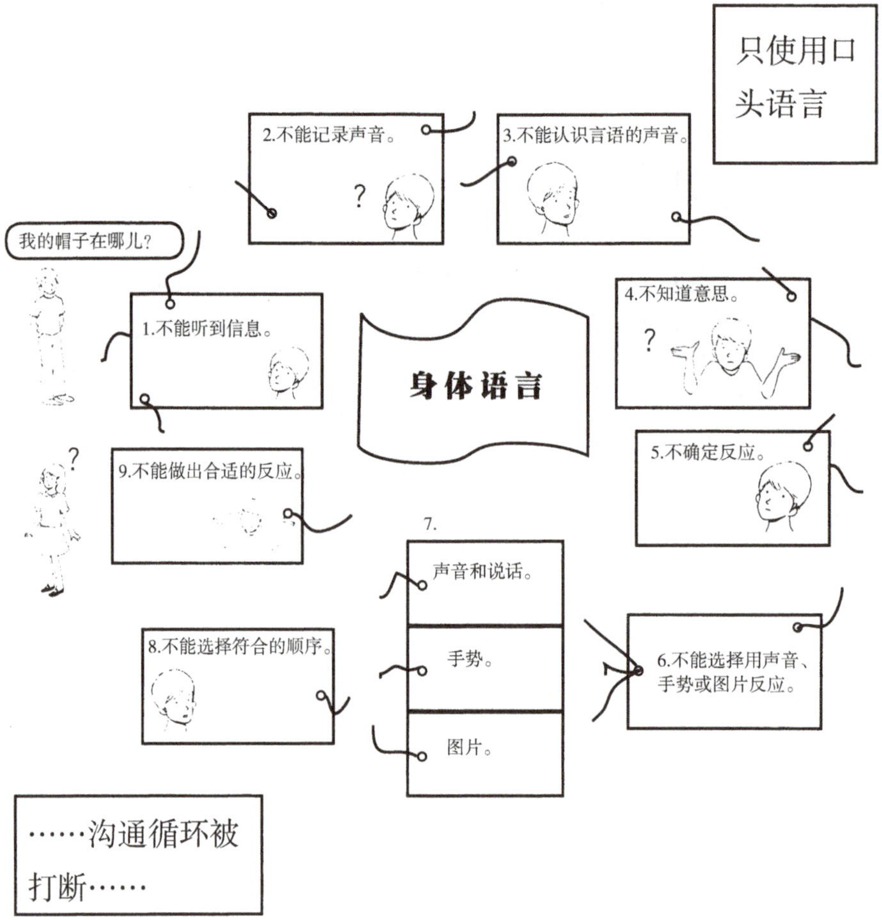

图2-17 沟通循环断裂对听力困难儿童沟通能力的影响

三、对听力困难儿童应该结合使用手势进行沟通

现在让我们看看在使用口头语言时也使用手势,又会怎样?

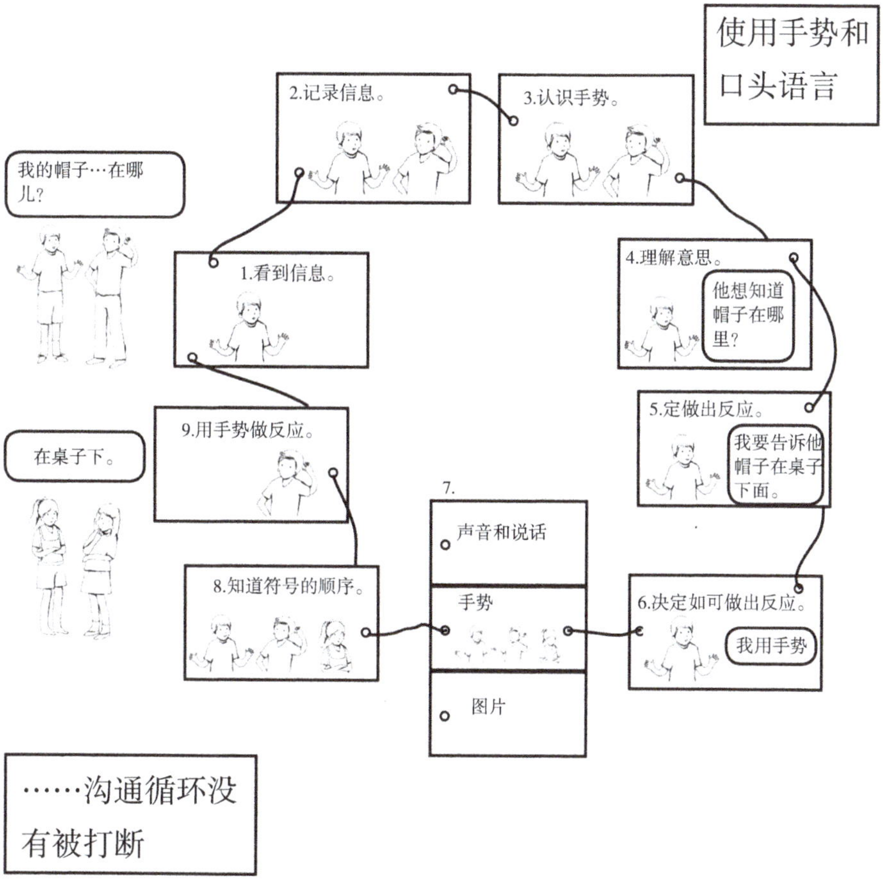

图2-18 改善的沟通循环

现在想一想，你认为与一个听力损伤孩子沟通使用哪种方法会最好？记住，沟通循环是否会被打断，其实取决于我们。

为了达到我们的长期目标，使听力损伤孩子能够沟通，我们需要为孩子的沟通能力做评估，这样我们可以制订合适的短期目标来逐步帮助孩子达到长期目标。

第3章 评 估

本章分两节。第1节从总体上来讨论对0~6岁有沟通困难的孩子进行评估的相关知识。第2节专门讨论对听力困难儿童沟通能力进行评估的问题。

第1节 沟通能力评估

一、什么是沟通能力评估

1. 沟通能力评估的含义

如果我们要想帮助有沟通困难的孩子,我们需要对他们的能力先有一个清楚的了解。

沟通能力评估,就是了解孩子具有怎样的沟通能力。

2. 为什么要评估孩子的沟通能力

对一个孩子沟通能力的评估有助于我们:
- 清楚了解孩子能做什么,并鉴别他们哪些方面存在困难;
- 草拟一个合适的能够满足孩子需要,并能帮助他获得进步的目标计划;
- 为孩子的进步做好记录。

3. 哪些孩子适合做沟通能力评估

理论上,任何有沟通困难的孩子都适合做评估,但实际情况并没那么简单。虽然存在许多有沟通困难的孩子,但由于没有足够的工作人员,因而不是所有的孩子都能获得帮助。所以我们必须先决定哪些孩子能从我们的服务中获得最大的帮助,之后再集中精力来帮助他们。

所有年龄低于6岁、有沟通困难的孩子都适合做评估。

如果你必须要决定如何在孩子之间分配你的工作时间,那就把你的精力集中在那些年龄较小的孩子身上。因为他们能够真正从你的帮助中获得益处。

二、评估前的准备

1. 在什么环境中评估孩子的沟通能力

我们不需要一个特殊的环境来进行评估,但我们却需要制造一个融洽的气氛。

为沟通创造一个合适的环境,我们必须考虑以下几点:
- 孩子的父亲或母亲应该参与评估;
- 环境应该是轻松和随意的,那样才能让父母和孩子感到舒服,并且能和你自由地沟通;
- 确保你有足够的时间能完成整个评估而不会被打断(通常 1 2 个小时就足够了);
- 在评估时,设法确保孩子是精神/留心和愉快的(不要试图在孩子感到疲惫、饥饿或生病时进行评估);
- 仔细选择进行评估所需的玩具(只使用父母在家能够找到的玩具,不要使用太多的玩具,以及那些对孩子来说太复杂或太简单的玩具);
- 确保不会有太多会分散孩子注意力的东西。

除了以上几点外,我们必须把握住,我们自己要沟通好——这对我们能否成功地进行评估至关重要。

记住,我们为评估所创造的气氛是最重要的!

我们应该:
- 处于与父母和孩子同一水平线的位置,并且和他们有一段感到舒适的距离;
- 工作时,对父母和孩子表现出热情、有兴趣及关心;
- 在评估期间,鼓励父母主动地和孩子一起参与你的活动;
- 通过与孩子的互动,设法与他建立关系;
- 总是跟随孩子的兴趣——不要强迫他玩他不感兴趣的东西。

2. 沟通能力评估需要什么设备

除了为评估创造一个合适的环境外,我们也需要确保有合适的设备。"合适的设备"并不是指高科技机器和昂贵的玩具。

我们需要以下物品来评估孩子的沟通能力:
- 一张评估表;

- 一支圆珠笔；
- 有纸夹的笔记板，或其他可以垫纸的东西；
- 玩具——炒锅、勺子、盘子、杯子、布娃娃；
- 木块或积木；
- 各种各样的容器；
- 瓶盖；
- 可以发声的自制"喇叭"；
- 汽车；
- 球；
- 日用品；
- 一件衣服；
- 有简单物品的图片；
- 铅笔和纸。

看看这些玩具，请注意它们没有一样是昂贵的。几乎每家都可以找到或轻易地制作这些东西，但它们往往却是最好的玩具。

3. 我们要从评估中获得什么信息

在评估时，我们需要尽可能详尽地收集有关孩子的资料。
- 他的家庭背景和居家环境；
- 他的发育史，包括任何疾病的情况；
- 以前有无联系过康复服务；
- 教育情况，是否在上幼儿园、特殊学校或普通学校。

最后，我们还需要加上一些说明及对孩子沟通能力的具体描述。

评估时我们需要注意以下方面：
- 言语——发出声音，并把它们放在一起形成单词以后再组成句子的能力；
- 理解能力——可以理解人、情境和语言的能力；
- 手势——使用身体运动、手势和面部表情来传递信息的能力；
- 游戏能力——孩子可以通过游戏来发展他对周围世界的认识，并学习沟通的基本能力；
- 注意力——可以对周围的人或事集中精力的能力；
- 听力——能够仔细聆听声音和别人谈话声的能力；
- 轮流互动和模仿能力——在游戏中互动，并能模仿他人的动作、声音

或说话的能力；
- 日常生活活动能力——可以独立吃饭、穿衣、洗澡和如厕的能力；
- 粗大运动能力——控制身体大动作的能力。

三、评估表

1. 评估表包含的内容

我们需要使用一份评估表来集中记录孩子的所有相关信息。

在后面我们将看到一份详尽的评估表，这份表包含了4页：

第1页　背景资料；

第2页　其他需要考虑的方面；

第3页　沟通能力核对表；

第4页　总结和目标计划。

2. 评估表填写指南

第1页，比较容易完成，只需填上要求填写的内容即可。

第2页，这部分也比较容易，同样只需填上要求填写的内容。

第3页，这部分则需要更多解释。以下的填写指南能帮助你明白该表。如下所示，根据你的观察，以及对家长的询问和与孩子的互动来填写核对表：

(1) 在这页里面记录孩子的实际年龄。

(2) 从第一行"言语"开始，从左到右进行，孩子可以做的就画上"√"，孩子做不到的就画上"×"。空白处记录下任何特别的附注。如果孩子很明显地不能做到这一行里的其余活动，就不用再继续了，转到下一行的"理解"。

(3) 像以上所描述的那样继续填写，每一行从左到右地记录，直到完成这张表格。这样，你对被测试的孩子能做什么和不能做什么就有了一个基本的了解。

(4) 在最接近孩子实际年龄处，画上了"√"号的部分就是孩子的能力。在这一页的底部对此做上记录。

(5) 离孩子实际年龄最远处，画上了"√"号的部分是孩子的困难。在这一页的底部对此做上记录。

第4页，这一页是制订目标计划，是评估表必不可少的一个部分。第4

章将详细探讨"目标计划"的内容。

为了使你更容易明白,现在让我们来实际填写一份评估表的第1、2、3页。

3. 空白评估表第1页填写说明

表3-1 儿童沟通能力评估表(第1页)

省/区: (孩子长期居住的地方)	评估日期: (当天的日期)
姓名: (孩子的全名)	出生日期: 年 月 日
地址: (完整的邮政地址)	年龄: (孩子目前的年龄)
家族史:(父母在一起吗?他们都有工作吗?有几个兄弟/姐妹?孩子在家庭中的排行?)	
家族其他成员有无类似问题: (家庭中任河一方是否存在任何言语或/和听力问题的病史?如果有请详细说明)	
出生史:(在怀孕期间有问题吗?出生时足月了吗?是正常分娩吗?孩子在出生后有哭吗?吸吮得好吗?有什么并发症吗?如果有,请详细说明)	
儿童疾病史:(孩子患过任何重大疾病吗?请详细说明。对于任何更多的情况,查看孩子的门诊病历卡片和发育图表)	
发育历程: (孩子从什么时候开始坐、爬、站、走、说; 孩子吸吮得好吗?他和其他同龄孩子一样能吃固体食物并咀嚼吗?)	
是否接受过任何语言治疗: (有关孩子的沟通困难,家长曾经接受过任何建议或对孩子的治疗吗?如果有,详细说明)	
何时:(什么时候给予的建议?)	
何地:(孩子从哪里得到的建议?)	
什么建议:(接受或被建议做什么治疗?)	

资料来源:本表格采自津巴布韦Harare中心医院儿童康复部所使用的"儿童沟通能力评估表"。

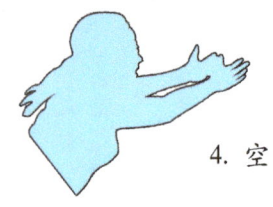

4. 空白评估表第 2 页填写说明

表 3-2 儿童沟通能力评估表（第 2 页）

根据你的观察回答以下问题：
观察孩子并考虑这些问题、如果你现在能确定问题的答案，就准确地圈出"是"或"否"。如果你暂时还不能确定答案，就继续进行评估。待填完了全部核对表之后再来回答这些问题。

说话是孩子唯一的困难吗？　　　　是/否

如果不是，请回答以下问题：

孩子有肢体障碍吗？	是/否	孩子有智力障碍吗？	是/否
孩子有视觉障碍吗？	是/否	孩子有行为问题吗？	是/否
孩子的发育迟缓吗？	是/否	孩子有其他困难吗？	是/否
例如，孩子是否有： ● 痉挛； ● 任何已知的情况，如唐氏综合征； ● 进食困难或流涎； ● 不正常的头围。			

孩子上托儿所/学校吗？　　　是/否 如果没有，请解释原因 如果孩子到了入托/入学年龄，就问这个问题，如果孩子显然太小，就不用问这个问题。

听力：

孩子听力好吗？父母认为他们的孩子有良好的听力吗？　　　是/否 描述：圈出答案并说明原因。 孩子的耳朵感染过吗？　　　是/否 描述：孩子的耳朵往外流过脓吗？他的耳朵疼过吗？圈出答案并说明。 孩子做过听力检查吗？圈出答案并详细说明。　　　是/否 如果做过　何时？　　　　何地？　　　　结果如何？

5. 空白评估表第3页填写说明

本页为"核对表"。

表3-3 儿童沟通能力评估表（第3页）

阶段	1	2	3	4	5
年龄	0～6个月	6～12个月	12～18个月	1.5～3岁	3～5岁
言语	孩子会哭或发出咿呀声吗？	孩子能重复声音并能和谐地发出咿呀声吗？	孩子能使用有意义的声音和别人能明白的单词吗？	孩子能使用一些单独的词，有时也能把两个词放在一起用吗？	孩子能把几个单词放在一起组成句子吗？陌生人能理解他说的话吗？如"不能"请说明。
		孩子可以做什么画（√），不可以做什么画（×）。			
理解能力	孩子理解基本需要如何得到满足吗？比如在饿或尿湿的情况下哭。	在使用手势表达简单指令时，孩子能理解吗？	在没有使用手势时，孩子能服从指令吗？比如，出示身体的某些部分。	孩子像其他同龄孩子一样能理解简单语言吗？	孩子能理解并参与会话吗？
			每行都从左向右进行。		
手势	孩子会微笑、皱眉、笑吗？孩子会向物品伸出手吗？	孩子会用手指出他感兴趣的物品或人吗？	孩子能使用与情景相联系的手势吗？如挥手"再见"、拍手"谢谢"。	孩子会使用手势让其他人为他做事吗？如在想喝水时指指茶杯。	孩子能使用手势来表达出他自己的资讯吗？
游戏能力	孩子对人或事感兴趣吗？他有视线接触吗？	孩子想要探究/玩耍物品吗？他会寻找被藏起来的物品吗？	孩子喜欢简单的假想性游戏吗？如把勺子放杯子里，假装自己吃饭。	孩子玩积木吗？孩子模仿一些简单的家庭活动吗？	孩子喜欢有规则的游戏吗？孩子和其他小朋友一起玩假想性游戏吗？

续上表

阶段	1	2	3	4	5
年龄	0～6个月	6～12个月	12～18个月	1.5～3岁	3～5岁
注意力	在妈妈/照顾者说话时孩子望向她吗?	孩子望向新的声音或事物吗?	孩子可以参加简单的任务并且不被新的声音或事物分散注意力吗?	孩子可以长时间参与一个更困难的任务吗?如搭积木和假想性游戏。	孩子在做一件事时,能听并对别人说话吗?
听力	孩子对声音有反应并看声音从哪里发出吗?	孩子能区分不同的声音及它们的意义吗?如狗叫或汽车行驶。	在妈妈/照顾者说话时孩子听吗?	孩子能更仔细地听说话吗?他尝试模仿单词吗?	在嘈杂的环境,孩子可以忽略其他噪音而听妈妈/照顾者说话吗?
轮流互动和模仿	孩子能和妈妈/照顾者轮流发出声音吗?也就是在妈妈重复了孩子的声音后,孩子能再重复吗?	孩子用有趣的方法重复自己的声音吗?	孩子模仿成人的动作或声音吗?孩子想要成人参与他的游戏吗?	孩子开始尝试重复他听到的单词吗?	孩子可以在会话中轮流互动吗?
日常生活活动	孩子可以抿住勺子吗?孩子可以把食物放进口中吗?	孩子可以咀嚼食物和用杯子喝水吗?孩子配合脱穿衣服吗?	孩子能自己吃饭吗?自己脱穿简单的衣服?开始如厕训练了吗?	孩子可以自己洗手、洗脸吗?孩子可以穿简单的衣服吗?孩子差不多能自己如厕吗?	可以自己洗并擦干吗?可以自己脱穿衣服吗?能自己如厕吗?
粗大运动	孩子双手能放在中线吗?孩子能支撑着坐吗?	孩子可以爬吗?能拉着他站起来吗?可以支撑着走吗?	孩子可以走吗?孩子跑时显得僵硬吗?	孩子可以随意地跑吗?孩子可以双腿跳吗?	孩子可以单脚跳吗?孩子可以跳跃吗?孩子可以蹦吗?

能力：记录孩子最好的方面（也就是最接近孩子年龄的）。

需要：记录孩子比较有困难的方面（也就是离他年龄最远的）。

四、评估表样本

本节我们以一个名叫 John Muponda 的孩子为例，看看评估表该如何填写。

1. John Muponda 评估表第 1 页

表 3-4　儿童沟通能力评估表（第 1 页）

省/区： RuanRwe，Manicaland	评估日期： 1991 年 9 月 24 日
姓名： John Muponda	出生日期： 1989 年 2 月 12 日
地址： Nvanga，985 号信箱	年龄： 2 岁半
家族史：父母住在一起。小规模的农场主。是 8 个孩子中最小的一个。	
家族其他成员有无类似问题： 没有。	
出生史：在怀孕期间没有问题。在孩子 7 个月时早产。孩子在出生后没有哭，也没有很好的吸吮。在出生之后住院 3 个月。	
儿童疾病史：没有。	
发育历程： ● 坐：12 个月时； ● 爬：17 个月时； ● 站：20 个月时； ● 走：24 个月时； ● 说：还不能说话； ● 不能咀嚼固体食物。	
是否接受过任何语言治疗 是的。	
何时：在 17 个月时。	
何地：在传统医生那里。	
什么建议：剪开舌系带。	

2. John Muponda 评估表第 2 页

表 3-5 儿童沟通能力评估表（第 2 页）

根据你的观察回答以下问题：

说话是孩子唯一的困难吗？　　　　是/⊙否

如果不是，请回答以下问题：

孩子有肢体障碍吗？　　　　是/⊙否
孩子有智力障碍吗？　　　　⊙是/否
孩子有视觉障碍吗？　　　　是/⊙否
孩子有行为问题吗？　　　　⊙是/否
孩子的发育迟缓吗？　　　　⊙是/否
孩子有其他困难吗？　　　　⊙是/否
● 有痉挛，在用药物控制。

孩子上托儿所/学校吗？　　　　是/否
如果没有：请解释原因
（如果孩子到了入托/入学年龄，就问这个问题，如果孩子显然太小，就不用问这个问题）

听力：

孩子听力好吗？　　　　⊙是/否
描述：头转向所有声音的方向，即使是微小的声音
孩子的耳朵感染过吗？　　　　是/⊙否
描述：
孩子做过听力检查吗？　　　　是/⊙否
如果做过　何时？
何地？
结果如何？

3. John Muponda 评估表第 3 页

表 3-6 儿童沟通能力评估表（John，2 岁半）

阶段	1	2	3	4	5
年龄	0～6 个月	6～12 个月	12～18 个月	1.5～3 岁	3～5 岁
言语	孩子会哭或发出咿呀声吗？【√】	孩子能重复声音并能和谐地发出咿呀声吗？【√】	孩子能使用有意义的声音和别人能明白的单词吗？【×】	孩子能使用一些单独的词，有时也能把两个词放在一起用吗？	孩子能把几个单词放在一起组成句子吗？陌生人能理解他说的话吗？如"不能"请说明。
理解能力	孩子理解基本需要如何得到满足吗？比如在饿或尿湿的情况下哭。【√】	在使用手势表达简单指令时，孩子能理解吗？【不确定？】	在没有使用手势时，孩子能服从指令吗？比如出示身体的某些部分。	孩子像其他的同龄孩子一样能理解简单语言吗？	孩子能理解并参与会话吗？
手势	孩子会微笑、皱眉、笑吗？【√】孩子会向物品伸出手吗？【√】	孩子会用手指出他感兴趣的物品或人吗？【×】	孩子能使用与情景相联系的手势吗？如挥手"再见"，拍手"谢谢"。	孩子会使用手势让其他人为他做事吗？如在想喝水时指指茶杯。	孩子能使用手势来表达出他自己的资讯吗？
游戏能力	孩子对人或事感兴趣吗？【一点点】他有视线接触吗？【短暂的】	孩子想要探究/玩耍物品吗？【×】他会寻找被藏起来的物品吗？【×】	孩子喜欢简单的假想性游戏吗？如把勺子放杯子里，假装自己吃饭。	孩子玩积木吗？孩子模仿一些简单的家庭活动吗？	孩子喜欢有规则的游戏吗？孩子和其他小朋友一起玩假想性游戏吗？

续上表

阶段	1	2	3	4	5
年龄	0～6个月	6～12个月	12～18个月	1.5～3岁	3～5岁
注意力	在妈妈/照顾者说话时孩子望向她吗？【短暂的】	孩子望向新的声音或事物吗？【×】	孩子可以参加简单的任务并且不被新的声音或事物分散注意力吗？	孩子可以长时间参与一个更困难的任务吗？如搭积木和假想性游戏。	孩子在做一件事时，能听并对别人说话吗？
听力	孩子对声音有反应并看声音从哪里发出吗？【√】	孩子能区分不同的声音及他们的意义吗？如狗叫或汽车行驶。【×】	在妈妈/照顾者说话时孩子听吗？	孩子能更仔细地听说话吗？他尝试模仿单词吗？	在嘈杂的环境，孩子可以忽略其他噪音而听妈妈/照顾者说话吗？
轮流互动和模仿	孩子能和妈妈/照顾者轮流发出声音吗？也就是在妈妈重复了孩子的声音后，孩子能再重复吗？【√】	孩子用有趣的方法重复自己的声音吗？【√】	孩子模仿成人的动作或声音吗？【×】孩子想要成人参与他的游戏吗？【×】	孩子开始尝试重复他听到的单词吗？	孩子可以在会话中轮流互动吗？
日常生活活动	孩子可以抿住勺子吗？【√】孩子可以把食物放进口中吗？【√】	孩子可以咀嚼食物【×】和用杯子喝水【√】吗？孩子配合脱穿衣服吗？【×】	孩子能自己吃饭吗？【√】自己脱穿简单的衣服？【×】开始如厕训练了吗？【×】	孩子可以自己洗手、洗脸吗？孩子可以穿简单的衣服吗？孩子差不多能自己如厕吗？	可以自己洗并擦干吗？可以自己脱穿衣服吗？能自己如厕吗？

续上表

阶段	1	2	3	4	5
年龄	0～6个月	6～12个月	12～18个月	1.5～3岁	3～5岁
粗大运动	孩子双手能放在中线吗?【√】孩子能支撑着坐吗?【√】	孩子可以爬吗?【√】能拉着他站起来吗?【√】可以支撑着走吗?【√】	孩子可以走吗?【√】孩子跑时显得僵硬吗?【√】	孩子可以随意地跑吗?孩子可以双腿跳吗?	孩子可以单脚跳吗?孩子可以跳跃吗?孩子可以蹦吗?

能力：言语、轮流互动和模仿、粗大运动。

需要：注意力、听力、游戏能力、理解能力、手势、自理能力（日常生活活动）。

4. 评估表填写的其他注意事项

在你评估了一个孩子之后，请思考：

- 到目前为止，我得到了我所需要的全部信息吗?
- 我的大部分信息来自孩子的母亲，还是我自己对孩子的观察或与孩子互动的结果?
- 在我了解到孩子的真实情况后，他的母亲感到高兴吗?
- 我尽自己最大的努力与孩子互动了吗?
- 孩子配合我吗?
- 评估是否准确地描绘了孩子的能力和他们的需要?
- 我需要介绍孩子去看其他能帮助他的人吗?

五、关于评估需要记住的重点

评估主要从言语能力、理解能力、手势、游戏能力、注意力、听力、轮流互动和模仿能力、日常生活活动以及粗大运动等方面进行。不同的残疾对孩子的这些能力会有不同的影响。

在此需要记住的有关评估的要点是：

- 好的评估有助于更好地制订目标计划，也是一个孩子获得进步的关键；
- 评估和治疗是相互紧密联系的，都应该不断进行（在治疗取得进展时，我们必须重新评估孩子能做什么、不能做什么。也就是说，随着时间的

- 再次评估/测试孩子的程度,并与他最初的评估相比较,可以使家长和我们自己得到鼓励;
- 孩子的发育由很多方面组成,注意,我们不应该孤立地看待沟通,我们也要考虑到其他需要评估的方面,并在必要时介绍孩子去看其他能帮助他的人;
- 仅在沟通的领域里,我们就需要评估许多方面的能力——言语只是其中之一;
- 为保证结果的准确性,在评估时多花些时间是值得的;
- 通过互动来与孩子及家长建立关系,可以为好的评估打下基础;
- 让家长参与评估是极其重要的;
- 我们自己的沟通能力和孩子的一样重要;
- 评估不是总能顺利进行的,我们必须准备好灵活应对,并适应任何我们可能会遇到的情况。

第 2 节 听力损伤儿童沟通能力评估

如何用前一节提到的评估表对听力损伤儿童做沟通能力评估呢?

要评估听力损伤孩子的沟通能力,我们必须使用评估表。这里我们看以下三种典型的评估表:

- 轻度失聪儿童评估表;
- 中度失聪儿童评估表;
- 深度失聪儿童评估表。

然后我们会把这些孩子的评估结果与有其他残疾孩子的能力和需要进行比较。

所有这些信息能帮助我们知道孩子是否有听力障碍及其听力损伤的程度。一旦我们知道了孩子的听力水平,并为他做了评估之后,我们就可以开始计划适合孩子需要的短期目标了。

记住,轻度失聪的孩子可以听到大的声音。中度失聪的孩子,只有在使用助听器时才能听到大的声音。深度失聪的孩子对任何声音都没有反应,即使配戴助听器也没有用。

一、轻度失聪儿童沟通能力评估

有轻度失聪的孩子，他的评估表是什么样子的呢？

让我们看看下面洋洋的评估表。

表 3-7 儿童沟通能力评估表（洋洋，2岁）

阶段	1	2	3	4	5
年龄	0～6个月	6～12个月	12～18个月	1.5～3岁	3～5岁
言语	孩子会哭或发出咿呀声吗？【√】	孩子能重复声音并能和谐地发出咿呀声吗？【不和谐】	孩子能使用有意义的声音和别人能明白的单词吗？【尝试说出单词，但不清晰】	孩子能使用一些单独的词，有时也能把两个词放在一起用吗？【尝试，但不清楚】	孩子能把几个单词放在一起组成句子吗？陌生人能理解他说的话吗？如"不能"，请说明。
理解能力	孩子理解基本需要如何得到满足吗？比如在饿或尿湿的情况下哭。【√】	在使用手势表达简单指令时，孩子能理解吗？【√】	在没有使用手势时，孩子能服从指令吗？比如出示身体的某些部分。【在大声对他说话时】	孩子像其他的同龄孩子一样能理解简单语言吗？【如果靠近说话者，且使用手势】	孩子能理解并参与会话吗？
手势	孩子会微笑、皱眉、笑吗？【√】孩子会向物品伸出手吗？【√】	孩子会用手指出他感兴趣的物品或人吗？【√】	孩子能使用与情景相联系的手势吗？如挥手"再见"、拍手"谢谢"。【√】	孩子会使用手势让其他人为他做事吗？如在想喝水时指指茶杯。【许多】【√】	孩子能使用手势来表达出他自己的资讯吗？

续上表

阶段	1	2	3	4	5
年龄	0～6个月	6～12个月	12～18个月	1.5～3岁	3～5岁
游戏能力	孩子对人或事感兴趣吗？【√】他有视线接触吗？【√】	孩子想要探究/玩耍物品吗？【√】他会寻找被藏起来的物品吗？【√】	孩子喜欢简单的假想性游戏吗？如把勺子放杯子里，假装自己吃饭。【√】	孩子玩积木吗？【√】孩子模仿一些简单的家庭活动吗？【√】	孩子喜欢有规则的游戏吗？孩子和其他小朋友一起玩假想性游戏吗？
注意力	在妈妈/照顾者说话时孩子望向她吗？【√】	孩子望向新的声音或事物吗？【√】	孩子可以参加简单的任务并且不被新的声音或事物分散注意力吗？【√】	孩子可以长时间参与一个更困难的任务吗？如搭积木和假想游戏。【√】	孩子在做一件事时，能听并对别人说话吗？
听力	孩子对声音有反应并看声音从哪里发出吗？【√】	孩子能区分不同的声音及他们的意义吗？如狗叫和汽车行驶。【如果有显示】	在妈妈/照顾者说话时孩子听吗？【只有在妈妈先得到他的注意，并清楚地对他说话时】	孩子能更仔细地听说话吗？【√】他尝试模仿单词吗？【尝试】【√】	在嘈杂的环境里，孩子可以忽略其他噪音而听妈妈/照顾者说话吗？
轮流互动和模仿	孩子能和妈妈/照顾者轮流发出声音吗？也就是在妈妈重复了孩子的声音后，孩子能再重复吗？【√】	孩子用有趣的方法重复自己的声音吗？【√】	孩子模仿成人的动作或声音吗？【√】孩子想要成人参与他的游戏吗？【√】	孩子开始尝试重复他听到的单词吗？【尝试，但不清晰】	孩子可以在会话中轮流互动吗？

续上表

阶段	1	2	3	4	5
年龄	0～6个月	6～12个月	12～18个月	1.5～3岁	3～5岁
日常生活活动	孩子可以抿住勺子吗？ 孩子可以把食物放进口中吗？【√】	孩子可以咀嚼食物和用杯子喝水吗？【√】 孩子配合脱穿衣服吗？【√】	孩子能自己吃饭吗？ 自己脱穿简单的衣服？【√】 开始如厕训练了吗？【√】	孩子可以自己洗手、洗脸吗？【开始】 孩子可以穿简单的衣服吗？【开始】 孩子差不多能自己如厕吗？【开始】	可以自己洗并擦干吗？ 可以自己脱穿衣服吗？ 能自己如厕吗？
粗大运动	孩子双手能放在中线吗？ 孩子能支撑着坐吗？【√】	孩子可以爬吗？【√】 能拉着他站起来吗？【√】 可以支撑着走吗？【√】	孩子可以走吗？【√】 孩子跑时显得僵硬吗？【√】	孩子可以随意地跑吗？【√】 孩子可以双腿跳吗？【√】	孩子可以单脚跳吗？孩子可以跳跃吗？ 孩子可以蹦吗？

能力：手势、游戏能力、注意力、轮流互动能力、日常生活活动、粗大运动。

需要：听力、模仿能力、理解能力、言语。

二、中度失聪儿童沟通能力评估

有中度失聪的儿童，他们的评估表是什么样子的呢？

看看下面莉莉的评估表你就了解了。

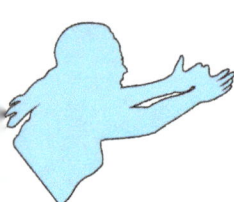

表3-8 儿童沟通能力评估表（莉莉，2岁）

阶段	1	2	3	4	5
年龄	0~6个月	6~12个月	12~18个月	1.5~3岁	3~5岁
言语	孩子会哭或发出咿呀声吗？【在她是个婴儿时】	孩子能重复声音并能和谐地发出咿呀声吗？【发出声音但不十分和谐】	孩子能使用有意义的声音和别人能明白的单词吗？【一些有意义的声音但没有单词】	孩子能使用一些单独的词，有时也能把两个词放在一起用吗？【×】	孩子能把几个单词放在一起组成句子吗？陌生人能理解他说的话吗？如"不能"，请说明。
理解能力	孩子理解基本需要如何得到满足吗？比如在饿或尿湿的情况下哭。【√】	在使用手势表达简单指令时，孩子能理解吗？【√】	在没有使用手势时，孩子能服从指令吗？比如出示身体的某些部分。【×】	孩子像其他的同龄孩子一样能理解简单语言吗？【×】	孩子能理解并参与会话吗？
手势	孩子会微笑、皱眉笑吗？【√】孩子会向物品伸出手吗？【√】	孩子会用手指出他感兴趣的物品或人吗？【√】	孩子能使用与情景相联系的手势吗？如挥手"再见"、拍手"谢谢"。【√】	孩子会使用手势让其他人为他做事吗？如在想喝水时指指茶杯。【用许多手势，但还需要学习更多】	孩子能使用手势来表达出他自己的信息吗？
游戏能力	孩子对人或事感兴趣吗？【√】他有视线接触吗？【√】	孩子想要探究/玩耍物品吗？【√】他会寻找被藏起来的物品吗？【√】	孩子喜欢简单的假想性游戏吗？如把勺子放进杯子里假装自己吃饭。【√】	孩子玩积木吗？【√】孩子模仿一些简单的家庭活动吗？【√】	孩子喜欢有规则的游戏吗？孩子和其他小朋友一起玩假想性游戏吗？

续上表

阶段	1	2	3	4	5
年龄	0～6个月	6～12个月	12～18个月	1.5～3岁	3～5岁
注意力	在妈妈/照顾者说话时孩子望向她吗?【只有在妈妈先得到他的注意力时】	孩子望向新的声音或事物吗?【只有在声音非常大时】	孩子可以参加简单的任务并且不被新的声音或事物分散注意力吗?【√】	孩子可以长时间参与一个更困难的任务吗?如搭积木和假想游戏。【√】	孩子在做一件事时,能听并对别人说话吗?
听力	孩子对声音有反应并看声音从哪里发出吗?【除非声音非常大】	孩子能区分不同的声音及他们的意义吗?如狗叫和汽车行驶。【有困难】	在妈妈/照顾者说话时孩子听吗?【有困难】	孩子能更仔细地听说话吗?【×】他尝试模仿单词吗?【×】	在嘈杂的环境,孩子可以忽略其他噪音而听妈妈/照顾者说话吗?
轮流互动和模仿	孩子能和妈妈/照顾者轮流发出声音吗?也就是在妈妈重复了孩子的声音后,孩子能再重复吗?	孩子用有趣的方法重复自己的声音吗?【有时,但不经常】	孩子模仿成人的动作或声音吗?【动作,有时是声音】孩子想要成人参与他的游戏吗?【√】	孩子开始尝试重复他听到的单词吗?【×如果他能看到说话者的脸,就会尝试】	孩子可以在会话中轮流互动吗?
日常生活活动	孩子可以抵住勺子吗?【√】孩子可以把食物放进口中吗?【√】	孩子可以咀嚼食物和用杯子喝水吗?【√】孩子配合脱穿衣服吗?	孩子能自己吃饭吗?【√】自己脱穿简单的衣服?【√】开始如厕训练了吗?【√】	孩子可以自己洗手、洗脸吗?【√】孩子可以穿简单的衣服吗?【尝试】孩子差不多能自己如厕吗?【开始】	可以自己洗并擦干吗?可以自己脱穿衣服吗?能自己如厕吗?

续上表

阶段	1	2	3	4	5
年龄	0～6个月	6～12个月	12～18个月	1.5～3岁	3～5岁
粗大运动	孩子双手能放在中线吗？【√】孩子能支撑着坐吗？【√】	孩子可以爬吗？【√】能拉着他站起来吗？【√】可以支撑着走吗？【√】	孩子可以走吗？【√】孩子跑时显得僵硬吗？【√】	孩子可以随意地跑吗？【√】孩子可以双腿跳吗？【尝试】	孩子可以单脚跳吗？孩子可以跳跃吗？孩子可以蹦吗？

能力：注意力、轮流互动、游戏能力、日常生活活动、粗大运动。

需要：听力、理解能力、言语、手势。

三、严重失聪儿童沟通能力评估

有严重失聪的儿童，他们的评估核对表又是什么样子的呢？

以下是小伟的评估表，他有严重失聪。

表3-9 儿童沟通能力评估表（小伟，2岁）

阶段	1	2	3	4	5
年龄	0～6个月	6～12个月	12～18个月	1.5～3岁	3～5岁
言语	孩子会哭或发出咿呀声吗？【在他是个婴儿时】	孩子能重复声音并能和谐地发出咿呀声吗？【发出一些声音，但不和谐】	孩子能使用有意义的声音和别人能明白的单词吗？【×】	孩子能使用一些单独的词，有时也能把两个词放在一起用吗？【×】	孩子能把几个单词放在一起组成句子吗？陌生人能理解他说的话吗？如"不能"，请说明。

续上表

阶段	1	2	3	4	5
年龄	0～6个月	6～12个月	12～18个月	1.5～3岁	3～5岁
理解能力	孩子理解基本需要如何得到满足吗？比如在饿或尿湿的情况下哭。【√】	在使用手势表达简单指令时，孩子能理解吗？【√】	在没有使用手势时，孩子能服从指令吗？比如出示身体的某些部分。【×】	孩子像其他的同龄孩子一样能理解简单语言吗？【×】	孩子能理解并参与会话吗？
手势	孩子会微笑、皱眉、笑吗？【√】孩子会向物品伸出手吗？【√】	孩子会用手指出他感兴趣的物品或人吗？【√】	孩子能使用与情景相联系的手势吗？如挥手"再见"、拍手"谢谢"。【√】	孩子会使用手势让其他人为他做事吗？如在想喝水时指指茶杯。【可以但还需要学习更多】	孩子能使用手势来表达出他自己的信息吗？
游戏能力	孩子对人或事感兴趣吗？【√】他有视线接触吗？【√】	孩子想要探究/玩耍物品吗？【√】他会寻找被藏起来的物品吗？【√】	孩子喜欢简单的假想性游戏吗？如把勺子放进杯子里，假装自己吃饭。【√】	孩子玩积木吗？【√】孩子模仿一些简单的家庭活动吗？【√】	孩子喜欢有规则的游戏吗？孩子和其他小朋友一起玩假想性游戏吗？
注意力	在妈妈/照顾者说话时孩子望向她吗？【只有在妈妈先得到他的注意力时】	孩子望向新的声音或事物吗？【只望向新事物，不望向新声音】	孩子可以参加简单的任务并且不被新的声音或事物分散注意力吗？【√】	孩子可以长时间参与一个更困难的任务吗？如搭积木和假想游戏。【√】	孩子在做一件事时，能听并对别人说话吗？

续上表

阶段	1	2	3	4	5
年龄	0～6个月	6～12个月	12～18个月	1.5～3岁	3～5岁
听力	孩子对声音有反应并看声音从哪里发出吗?【×】	孩子能区分不同的声音及他们的意义吗?如狗叫和汽车行驶。【×】	在妈妈/照顾者说话时孩子听吗?【×】	孩子能更仔细地听说话吗?【×】他尝试模仿单词吗?【×】	在嘈杂的环境,孩子可以忽略其他噪音而听妈妈/照顾者说话吗?
轮流互动和模仿	孩子能和妈妈/照顾者轮流发出声音吗?也就是在妈妈重复了孩子的声音后,孩子能再重复吗?【×】	孩子用有趣的方法重复自己的声音吗?【×】	孩子模仿成人的动作或声音吗?【动作,没有声音】孩子想要成人参与他的游戏吗?【√】	孩子开始尝试重复他听到的单词吗?【×】	孩子可以在会话中轮流互动吗?
日常生活活动	孩子可以抿住勺子吗?【√】孩子可以把食物放进口中吗?【√】	孩子可以咀嚼食物和用杯子喝水吗?【√】孩子配合脱穿衣服吗?【√】	孩子能自己吃饭吗?【√】自己脱穿简单的衣服?【√】开始如厕训练了吗?【√】	孩子可以自己洗手、洗脸吗?【√】孩子可以穿简单的衣服吗?【√】孩子差不多能自己如厕吗?	可以自己洗并擦干吗?可以自己脱穿衣服吗?能自己如厕吗?
粗大运动	孩子双手能放在中线吗?【√】孩子能支撑着坐吗?【√】	孩子可以爬吗?【√】能拉着他站起来吗?	孩子可以走吗?【√】孩子跑时显得僵硬吗?【√】	孩子可以随意地跑吗?【√】孩子可以双腿跳吗?【√】	孩子可以单脚跳吗?孩子可以跳跃吗?孩子可以蹦吗?

能力:注意力、游戏能力、日常生活活动、粗大运动。

需要:听力、轮流互动、理解能力、手势、言语。

四、听力损伤儿童沟通能力评估

把你的评估结果与以下表格进行对照,这能帮助你确定被评估孩子是否真的有听力损伤。如果评估情况与下面任何一栏都明显不符,你就需要重新考虑了。

表 3-10　听力损伤与言语能力

	听力损伤
言语	可能可以使用声音,但言语通常会非常困难
理解能力	通常理解口头语言非常困难,但能理解情景和手势
手势	使用手势表达
游戏能力	像其他同龄孩子
注意力	像其他同龄孩子
听力	根据不同的听力水平,通常有严重困难
轮流互动和模仿	像其他同龄孩子,但模仿声音/单词有困难
日常生活活动	像其他同龄孩子
粗大运动	像其他同龄孩子

所以你看,听力损伤的孩子与我们看过的其他类型的孩子是不同的,他们的能力是使用手势、游戏能力、注意力、日常生活活动和粗大运动,并且在使用手势的时候,他们的理解能力也很好。

在为孩子做出评估后,就可以为他们建立长期和短期的目标了。

第4章 为听力损伤儿童制订目标计划

第1节 目标计划的制订

在上一章里，我们看了如何为听力损伤儿童进行沟通能力评估。现在，我们要看看如何为听力损伤儿童制订目标计划。

一、目标计划的基本概念

1. 目标计划是什么意思

评估过后，我们应该考虑孩子需要发展什么新的能力，这就是对孩子的目标。然后我们需要考虑哪些活动可以帮助孩子学习这些新能力，谁可以帮助他完成这些活动，这就是目标计划。

2. 我们为什么需要制订目标计划

制订目标计划能促使我们更精确地考虑孩子需要什么及如何具体地满足这些需要。所以，一份目标计划能为我们提供工作的重点和方向。没有目标计划，我们对孩子所获得的成绩或对我们所定下的目标就没有一个衡量标准。一份好的目标计划确保了孩子能够获得进步——这能鼓励到每个人。

3. 什么时候做目标计划

每次评估了孩子的沟通能力之后，我们都应该制订目标计划。正如随着时间的推移我们需要更新对孩子的评估一样，我们也需要更新目标计划。应该不断地评估并制订目标计划。

4. 如何制订目标计划

我们需要做的第一件事是为孩子的能力和需要进行评估。接下来就可以开始设定目标，并考虑哪些活动能帮助孩子达到所定的目标了。

5. 好的目标计划的重要性

好的目标计划与不好的目标计划效果对比如图 4-1 所示。

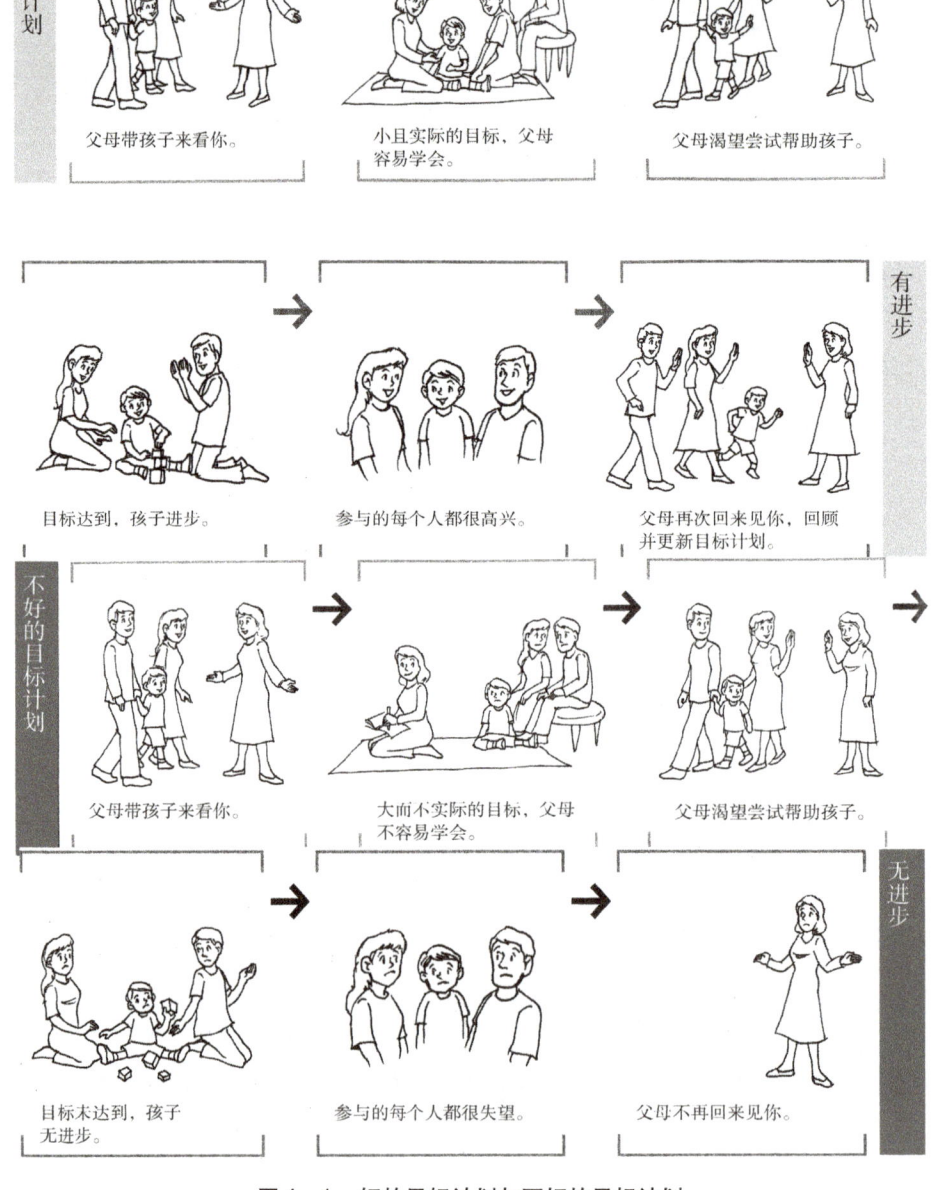

图 4-1 好的目标计划与不好的目标计划

二、制订目标计划指南

（1）根据已经完成的评估表，看孩子沟通能力的各个方面，并注意哪些方面有困难和需要。

（2）他们在哪些方面有困难，就是他们需要帮助的地方，把它们记录在评估表第 4 页"长期目标"的下方——你的长期目标就是要改善它们。

（3）决定需要首先帮助长期目标中的哪些沟通能力。

（4）想出三四个能帮助孩子发展这些沟通能力的目标，这些将成为你的短期目标——把它们写在评估表"短期目标"的那一栏里。

（5）现在想出有助于发展这 4 种能力的一些活动——在"如何"一栏里详细描述你所选择的活动。

（6）在"由谁完成"一栏里，填上谁将与孩子一起完成这些活动。

（7）在目标计划的底部填上你的名字、评估日期及下次评估的时间。

（8）这就是你的目标计划——与孩子的父母一起复习它，并教他们如何在家实施计划。

在你下次见到孩子和父母时，用评估表和目标计划回顾孩子的进步，以此来更新目标计划。

第 2 节　目标计划书的填写

现在，我想马上就去填写一份目标计划书。记得第 3 章提到的 John Muponda 吗？好吧，继续读……

在前一章里，我们完成了 John Muponda 的评估表的第 1、2、3 页。

现在，我们要用这些信息来为他起草一份适合的目标计划，完成评估表的第 4 页。

一、目标计划书格式

目标

提示：长期目标

改善孩子有困难的沟通能力。可能需要花 12 个月或更长的时间。

短期目标：如何执行，由谁执行。

提示：

1. 记录4个可以帮助孩子达到他的长期目标的短期目标。我们使用什么活动来达到短期目标，如何把这些活动教给孩子？随着孩子的进步，你需要增加或改变活动。说明由谁为孩子执行活动。确保有人可以负责帮助孩子。

2. 3～6个月时间应该能达到短期目标。

3. 目标3。

4. 目标4。

注意：

向父母清楚地解释孩子的长期目标和短期目标的重要性。要确定他们理解并同意这些目标，他们也应该知道我们准备如何达到这些目标。

下次复诊时间：

我们准备下次在何时、何地见家长和孩子。

会见者姓名：你的名字。

日期：当天日期。

二、目标计划书样本——John Muponda 的案例

目标

长期目标

改善 John 的注意力和听力。

表4-1 John 的目标计划

短期目标	如何执行	由谁执行
1. 让 John 对人更有兴趣（注意力）。	对 John 说话时使用有趣的面部表情和声音。当你对他说话时，鼓励他看着你。	所有家庭成员
2. 让 John 对周围发生的事更有兴趣（注意力）。	在日常生活中，让 John 注意他周围发生的事情。对他解释并鼓励他看正在发生的事——例如在你做晚饭时；公共汽车开过时；或你给他洗澡时。	哥哥

续上表

短期目标	如何执行	由谁执行
3. 在叫 John 的名字时，让他有所反应（听力）。	叫 John 的名字。通过轻轻触摸他的胳膊，鼓励他回过头看着你。	所有家庭成员
4. 让 John 对他周围日常生活中的声音有兴趣（听力）。	鼓励 John 听在他周围的声音。和他谈论这些声音，对他解释如何发出这些声音以及它们的意思。例如磁盘的叮当声意味着吃饭；脚步声意味着一个人走过来。	姐姐

下次复诊时间：
2012 年 10 月 24 日，在 Ruangwe

会见者姓名：V. MUZUVA
日期：2012 年 9 月 24 日

第 3 节　与父母沟通

现在你已经完成了评估表的第 4 页。

但是，并非就万事大吉了。

要知道，对孩子来说，父母才是最重要的！

所以，要与孩子的父母沟通，要让孩子的父母明确了解要做什么、怎么做。

一、与父母沟通要考虑的问题

想一想：

● 父母认为他们的孩子需要帮助的那些主要方面，我的目标计划考虑到了吗？

● 我有没有把孩子的长期目标和短期目标给父母解释清楚，这样他们对孩子可以达到什么程度才能有实际的想法。

● 我所给的目标和活动合适吗？它们在孩子的家中能被实施吗？

● 我为孩子制订的目标是否是循序渐进且切实可行的？

- 我是否给孩子家人过多的活动让孩子做？或是我只给了少量且更容易执行的活动？
- 我清楚地知道谁会为孩子在家里做这些活动吗？我已经好好地教导了那人吗？

做得好，现在你完成了目标计划和评估表。

但是，请等一下，还有最后一个问题。你一直提到"教导父母"，这很重要吗？我应该怎么教呢？

又一个好问题——我们现在就看看……

教父母如何在家帮助他们的孩子是非常重要的。因为他们是最能帮助到孩子的人——他们和孩子一起生活，他们比我们更了解孩子。

记住，父母是最重要的人！

二、教导父母执行活动的指南

（1）一次只做一个活动。

（2）向父母说明这个活动。

（3）清楚地解释这个活动能如何帮助到孩子。

（4）让父母观看你自己和孩子做这个活动。

（5）然后再让父母来做这个活动。

（6）如果他们所做的不符合你的要求，对他们解释他们在哪里出现了错误，并让他们再做一次。

（7）要求父母向你解释：他们为什么做这个活动，以及这个活动将如何帮助到孩子。

（8）教完了所有活动后，询问父母是否还有问题，以及他们是否理解所有告诉过他们的事情。

（9）如果可能，给父母一张书面目标计划（用他们自己的语言），拿回家与其他家庭成员一起看。

（10）确定你已为父母在孩子的病历卡上记录了回来复诊的时间和地点，并确定在自己的档案上也记录了相同内容。

三、与父母沟通要注意的问题

想一想：
- 父母能否理解他们的孩子所存在的问题；
- 他们对孩子有切实的期待吗？他们知道取得进步需要花时间，且可能是缓慢的吗？——孩子不会立即改变，但他们不要因此就灰心；
- 他们有信心向其他家庭成员和社会解释孩子的问题和需要吗？他们得到了其他家庭成员和社会的支持吗？
- 父母理解你教给他们的活动的目标吗？
- 假如另外一个人将代替父母继续帮助孩子，父母能够有效地教导他吗？
- 如果活动需要使用玩具，他们家里有吗？另外，他们能够每天花些时间和孩子一起做活动吗？向父母强调许多活动是可以在日常生活情景中完成的。

等一下，关于父母，你说了很多。但你却忘了我——孩子，因为我才是最终的学习者，所以如果你想要我学会，你也必须记住：
- 当我尝试时表扬我；
- 对我始终保持一致；
- 有耐心；
- 最重要的是，活动要有趣。

在教给父母目标计划之后，我们需要考虑将来在帮助孩子时，我们自己要扮演什么角色。基本上，我们需要：
- 不断地回顾，看孩子有无取得进步；
- 把我们的技能教给父母。

四、回顾孩子的进步

包括：
- 询问父母是否执行了你上次教给他们的活动；
- 询问父母是否注意到了孩子的改变，并相应地更新评估表；
- 再看一遍为孩子制订的那些目标（有必要的话，重新制订目标并给予新的活动）；
- 当孩子的需要有改变时，把他介绍给其他能帮助他的人；

- 回答父母提出的问题；
- 继续为父母提供鼓励和支援。

你和孩子做了上次我给你们的那些活动吗？

你认为小强在很多方面都有了改变吗？

现在让我们来试一些新的活动……

我应该强迫我的孩子开口说话吗？

一步一步地来，你的孩子会取得进步的。

记住：

每次在看孩子时，都必须记录下我们所给的建议和孩子所取得的进步。我们也应该记录家庭情况的任何改变，以及任何可能影响到孩子的因素。不要忘记——我们的记录应该写得非常清楚，这样，以后别人才能看明白。

我们可以把回顾孩子的进步与教导家长的技能结合在一起，其实这也是最好的办法。

家长和孩子的小组活动是达到这些目标的一个有效方法。

五、关于目标计划需要记住的重点

一个好的目标计划，对于指导我们和孩子的工作方向是必不可少的。

- 目标计划必须包括父母的参与——因为他们是最能帮助到孩子的人，所以他们也是最重要的人；
- 目标计划应该根据一个孩子的特定需要而制订；
- 为了能制订一个好的目标计划，我们首先必须做一个好的评估；
- 目标计划必须是实际的，它由一些小的、可行的步骤组成；
- 通常，一次制订 4 个短期目标就够了；
- 我们所订的短期目标必须与我们想要孩子达到的长期目标有关系，在制订目标时，我们需要仔细考虑首先帮助孩子发展哪些方面的能力——记住那个"沟通房子"；
- 本书提到的方法可以帮助我们制订一个合适的目标计划——使用那些方法吧；
- 我们必须完整地教导父母这些活动；
- 目标计划是一个长期进行的过程，在孩子进步时应该更新目标计划。

第4节 为听力损伤儿童沟通能力康复制订目标计划

现在,我们要继续看为听力损伤儿童沟通能力康复制订目标计划的方法。

一、根据评估内容和"沟通房子"确定目标

我们需要考虑什么是孩子最大的困难,然后再考虑我们的短期目标,并设计一些活动来达到目标。

我们必须牢记每个听力损伤的孩子都是不同的,但是他们主要有困难的方面通常是类似的,比如前文评估的洋洋、莉莉和小伟。我们的长期目标就是要改善这些他们有需要的方面。

但是,我们怎么知道要先集中精力开始帮助哪个方面呢?

嗯,想一想那个"沟通房子"!我们在前面说过它可以帮助我们制订目标计划。让我们现在就用这个方法来做洋洋、莉莉和小伟的目标计划吧。

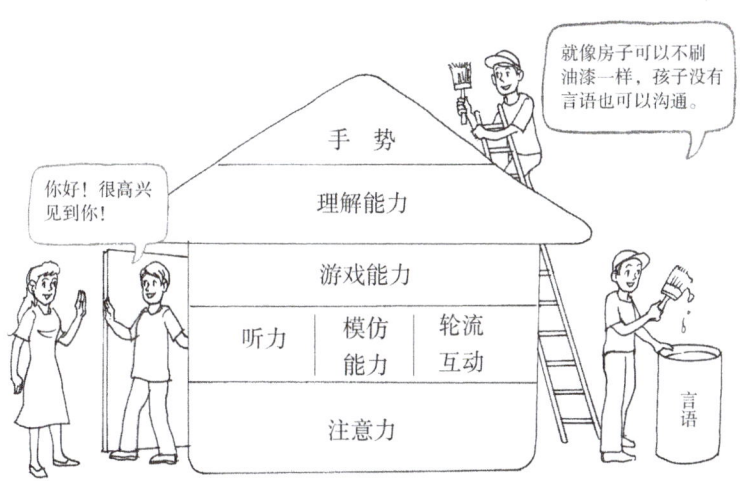

图4-2 "沟通房子"与目标计划

洋洋有轻度失聪,他需要改善的方面是:
- 听力;
- 模仿能力;
- 理解能力;

- 言语。

莉莉有中度失聪,她需要改善的方面是:
- 听力;
- 手势;
- 理解能力;
- 言语。

小伟有严重失聪,他需要改善的方面是:
- 听力;
- 轮流互动;
- 理解能力;
- 手势;
- 言语。

所以你看,"沟通房子"可以帮助我们了解应该先集中精力于哪些方面,地基、砖块、房顶和最后的油漆。

那就是说我们不需要考虑沟通的其他方面了吗?

绝对不是!我们需要帮助孩子的各个方面,这很重要。但是根据孩子的评估表,我们应该特别强调那些有需要改善的方面。另外也要记住,孩子的需要会随着时间的推移而改变,因此我们也要相应地改变目标计划。现在,让我们看洋洋、莉莉和小伟的目标计划。

二、为轻度失聪儿童制订目标计划

对一个像洋洋这样有轻度失聪的孩子,我们的长期目标是要改善其:
- 听力;
- 模仿能力;
- 理解能力;
- 言语。

现在我们先来看看短期目标。然后,再来确定为达到这些目标所需进行的活动。

这里用洋洋的目标计划做参考。
- 目标:长期目标——改善听力、模仿能力、理解能力、言语。
- 短期目标——

第 4 章 为听力损伤儿童制订目标计划

表 4-2 洋洋的短期目标计划

短期目标	如何执行	由谁执行
1. 让洋洋更仔细地听声音。	把他的注意力吸引到出现在他周围的声音上。 ● 做"放"的游戏,洋洋必须在听到你说"放"后才能把石头放进罐子里。用其他的声音来做这个游戏。	父母
2. 让洋洋模仿成人的动作和声音。	和洋洋一起照镜子。做有趣的鬼脸和声音的游戏,鼓励他模仿你。做其他可以彼此模仿的游戏。	姐姐
3. 让洋洋理解口头语言。	在家里让洋洋执行简单指令,如"把杯子拿给我。""拿这个给爸爸。"说话时也使用手势。	父母
4. 让洋洋发出更多声音和单词。	● 做游戏,彼此发出有趣的声音,比如在看见动物时发出动物的叫声;在看见汽车时发出汽车的声音。如果他尝试发出一个声音或说出一个词,要做出回应并表扬他。	

下次复诊时间:2012 年 5 月 24 日　　　　会见者姓名:×××

　　　　　　　　　　　　　　　　　　　　日期:2012 年 3 月 24 日

注意:洋洋有轻度失聪,配戴助听器对他会有好处。

三、为中度失聪儿童制订目标计划

对一个像莉莉这样有中度失聪的孩子,我们的长期目标是要改善听力、手势的使用、理解能力和言语能力。

现在我们先来看看短期目标。然后,再来确定为达到这些目标所需进行的活动。

这是莉莉的目标计划,供参考。

目标

● 长期目标:改善听力、理解能力、手势、语言。

● 短期目标:

表 4-3 莉莉的短期目标计划

短期目标	如何执行	由谁执行
1. 让莉莉更仔细地听声音，并增加她对声音的意识。	把她的注意力吸引到出现在她周围的声音上。 ● 做"音乐碰"的游戏，你敲鼓的时候她要听，在你停止敲时她必须坐下。	父母 哥哥和姐姐
2. 让莉莉理解更多的口头语言。	使用一个漏斗和管子（见"自制助听器"一节）向她解释东西，并说出名字让她听。如果她听就表扬她。	妈妈
3 让莉莉用手势表达自己。	和莉莉做假想性游戏，如给洋娃娃吃饭、洗澡。与她说话时除了使用语言也要使用手势。无论何时，你需要同时使用语言和手势。鼓励莉莉也使用手势。	姐姐 所有的家庭成员

下次复诊时间：2011 年 7 月 29 日　　　　会见者姓名：×××

日期：2011 年 4 月 25 日

注意："使用言语"是我们对莉莉的长期目标之一，但是我们没有把它放进短期目标内。这是因为，在她的听力、理解能力和手势的使用改善后，她的言语也有可能会自然地改善。之后，我们就可以更直接地帮助她的言语了。

莉莉有中度失聪，配戴助听器对她会有好处。

四、为严重失聪儿童制订目标计划

对一个像小伟这样有严重失聪的孩子，我们的长期目标是要改善其注意力、理解能力、轮流互动和手势的使用能力。

现在我们先来看看短期目标，然后再来确定为要达到这些目标所需进行的活动。

目标

● 长期目标：改善听力、轮流互动、理解能力、手势的使用。

● 短期目标：

表4-4 小伟的短期目标计划

短期目标	如何执行	由谁执行
1. 让小伟注意别人的脸和发生在他周围的事情。	做"面部游戏"来让小伟注意你的脸,如躲藏猫猫。 拿着你正在谈论的东西,靠近你的脸。	家长
2. 让小伟与其他人合作,并在游戏和沟通中轮流互动。	轮流把石头放进罐子里。 轮流互相扮有趣的鬼脸。	哥哥
3. 让小伟理解简单的指令。	在日常生活情景和做游戏时,使用言语和手势来与小伟交谈。	妈妈
4. 让小伟使用手语表达自己。	找出当地聋人使用的手语。在你们交谈时使用这些手语,鼓励小伟也使用它们。 帮助他认识其他的聋人孩子和成人。	爸爸和所有家庭成员

下次复诊时间:2012年8月9日　　会见者姓名:×××

日期:2012年5月7日

注意,小伟有严重失聪,配戴助听器对他可能没有什么帮助,而言语也不可能成为他主要的沟通方法,因此他需要学习更多的手势。

所以,就像你看到的,每个孩子是不同的,要根据他的特殊需要来制订自己的目标计划。

除了制订孩子的个人目标计划之外,我们还要清楚,每天与孩子的接触也是很重要的。如果我们能很好地使用自己的沟通技能,就能鼓励他也用他自己的方式进行沟通。

在下一章里,我们将会讨论各种能加强和孩子沟通的活动。

第 5 章 改善沟通能力的活动方法

在评估孩子的沟通困难并制订了沟通目标之后,我们就要考虑采用什么方法才能改善孩子沟通能力的问题。本章介绍常用的改善沟通能力的活动方法。因为听力损伤儿童可能需要发展不同的沟通能力,因此,本章对各种沟通能力发展的活动都有一些介绍。下章则讨论适用于听力损伤儿童的一些专门的活动方法。

第 1 节 沟通能力要素

一、沟通能力各要素

好,我想我现在明白了。但我还有一些问题想问你:你说我们应该决定从哪些困难的方面开始帮助,但是如果孩子在许多方面都有困难,我们要如何选择呢?

问得好。让我这样来回答你的问题:有一个可以帮助你做决定的方法是,我们需要了解孩子沟通能力的组成就像房子的构造一样……记住,关于这一点我们在第一章里已经看过了。

沟通能力各要素,见此前曾提到过的"沟通房子":

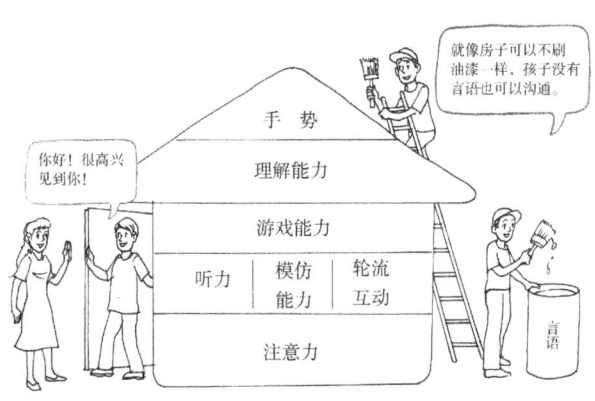

图 5-1 沟通能力要素

就像我们用一块块的砖建筑房子一样，孩子的沟通也由一个个的能力组成。在沟通所需要的各种能力中，注意力是房子的地基，它是最重要的能力。若没有它，孩子学习其他沟通所需的能力就会很困难。

我们把听力、模仿能力、轮流互动和游戏能力作为建房子的砖块，它们能帮助孩子建立理解能力并使用手势。理解能力和手势构成了房顶。我们把言语作为房子的油漆。这是一个完整的"沟通房子"。在评估孩子某一方面有困难时，我们需要记住建筑房子的顺序。首先是地基，然后是砖块，接着是房顶，最后是油漆。这也是建立沟通能力的顺序，我们应该按照它们的顺序进行工作。

所有的沟通能力是在孩子出生后慢慢发展并依赖的，记住这一点很重要。没有一个沟通能力可以独立发展，一个能力的发展很可能同时也关联着其他能力的发展。

所以，通过建立所有的这些能力，我们就能够为孩子的沟通打开一扇门。

二、优先考虑的沟通能力

那么，回到你的问题——如果孩子在许多方面都有困难，记得"沟通房子"是如何建立的，这将帮助你决定先从哪个方面开始工作。让我们来想想 John Muponda——他在注意力、听力、游戏能力、理解能力和使用手势方面都有困难。我们应该选择从注意力和听力两方面着手帮助他，因为它们是"沟通房子"的基础。在这些能力发展得比较好之后，我们再改进其他方面。还有别的问题吗？

第二个问题是，在决定了首先集中精力帮助哪个方面后，我们如何知道要给予孩子什么活动去建立哪方面的能力呢？

又是一个好问题！有时候，考虑给孩子安排什么样的活动是件不容易的事情，但如果你继续往下读，在后面的几页里你会发现很多方法。

下面我们会讨论各种不同沟通能力所需要的活动设计。

这些沟通能力包括注意力、听力、轮流互动和模仿、游戏能力、理解能力、手势和言语。

这些活动的设计是与沟通能力评估表同时使用的。如评估表中的各栏所示，这些活动按相同的发育阶段被分类。

你会注意到一些活动将重复出现多次。这是因为一个活动可以帮助改善许多不同的沟通能力。

所有的活动只使用日常生活用品及日常生活情景，并不需要昂贵的设备。

记住，这些活动只是给你提供了一些活动方法的建议——你和孩子的家长也能想出很多同样好的活动。

现在让我们详细地看看针对各种沟通能力的活动方法。

第2节　针对注意力的活动方法

注意力是孩子对周围的人或事能集中精力的能力。

学习任何一种新能力，孩子都需要有良好的注意力。

注意力的发展在孩子一出生，第一次看到妈妈的脸时就开始了。它发展成可以长时间专注于一件事的能力。

"注意力"的头两个阶段是集中精力于鼓励孩子对人和情景表现出更多的兴趣。在以后的阶段，还将集中精力于鼓励孩子对在他周围所发生的事感兴趣，并能长时间集中注意力于更复杂的活动上。

1. 第一阶段　0～6个月儿童注意力培养方法

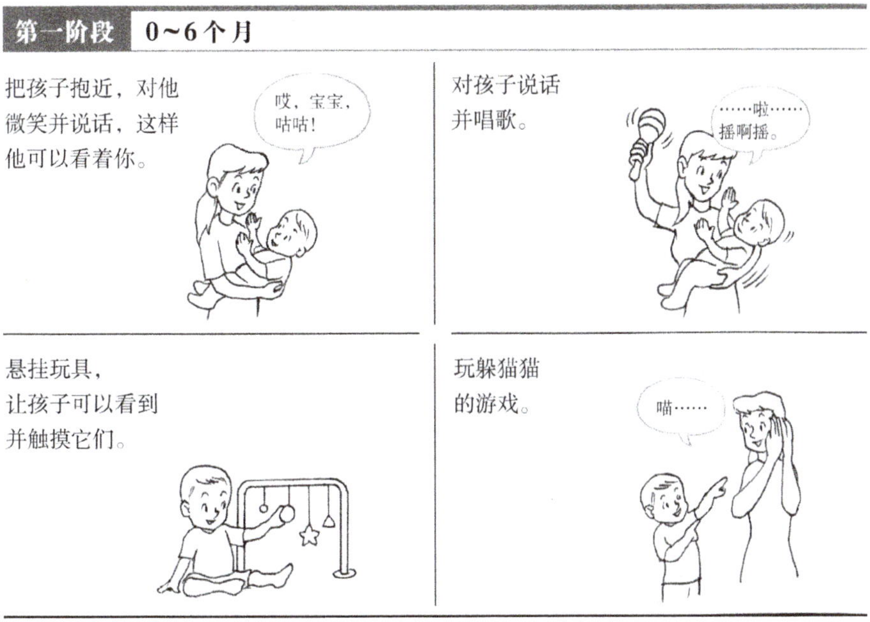

图5-2　0～6个月儿童注意力培养方法

2. 第二阶段　6～12个月儿童注意力培养方法

图 5-3　6～12个月儿童注意力培养方法

3. 第三阶段　12～18个月儿童注意力培养方法

图 5-4　12～18个月儿童注意力培养方法

4. 第四阶段　18个月～3岁儿童注意力培养方法

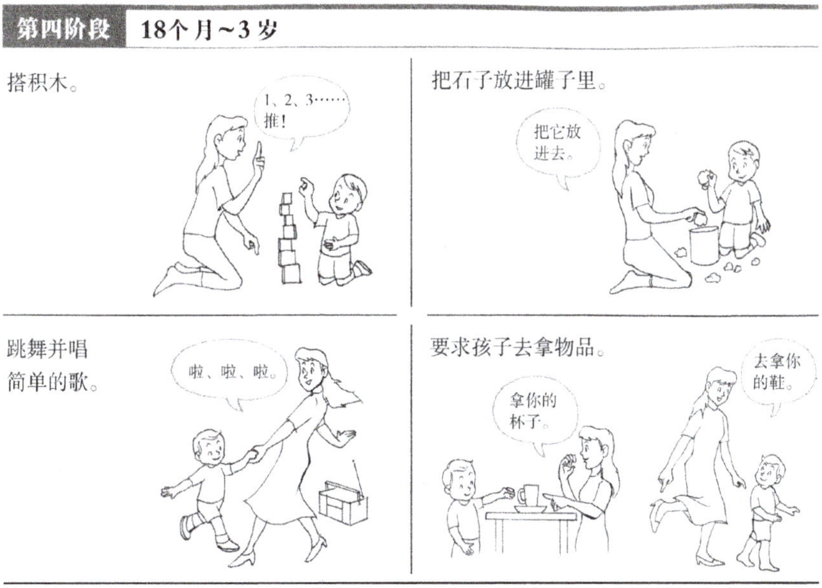

图 5-5　18个月～3岁儿童注意力培养方法

5. 第五阶段　3～5岁儿童注意力培养方法

图 5-6　3～5岁儿童注意力培养方法

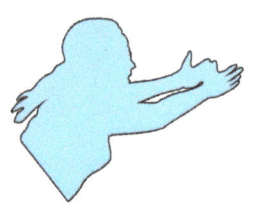

第3节　针对听力的活动方法

听力是孩子能仔细听声音和言语的能力。

如果孩子要学习和理解口头语言，就需要有仔细聆听的能力。

孩子一出生，对周围所有声音有意识，并开始对它们做出反应时，听力就开始发展了。之后就发展成为有选择性的聆听的能力。

"听力"的头两个阶段集中精力于鼓励孩子去倾听所有声音和跟别人说话的声音。以后的阶段是要鼓励孩子更仔细地聆听，以此帮助他理解声音和言语。

1. 第一阶段　0～6个月儿童听力培养方法

图5-7　0～6个月儿童听力培养方法

2. 第二阶段 6~12个月儿童听力培养方法

第二阶段 6~12个月

摇晃铃铛。

鼓励你的孩子听不同的声音。

做有旋律的歌曲的手指游戏。

谈论一个物品。

图5-8 6~12个月儿童听力培养方法

3. 第三阶段 12~18个月儿童听力培养方法

第三阶段 12~18个月

让他拿他所知道的物品。

说出身体部位的名字,让他去摸。

做游戏时发出各种声音。

给他选择的机会。

图5-9 12~18个月儿童听力培养方法

4. 第四阶段 18个月~3岁儿童听力培养方法

| 第四阶段 | 18个月~3岁 |

告诉他你在干什么。

妈妈在洗洋娃娃。

搭积木，然后再推到。

等等，1、2、3……推！

做有音乐感的敲打。

重复简单的旋律。

听！

图5-10 18个月~3岁儿童听力培养方法

5. 第五阶段 3~5岁儿童听力培养方法

| 第五阶段 | 3~5岁 |

鼓励他仔细听各种不同的声音。
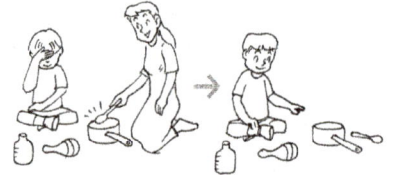

做他需要仔细听自己名字的游戏。

小强，摸摸头！
小明，摸摸头！

发出高的和轻的声音并让他模仿。

听……现在你来敲。

做购物游戏。

图5-11 3~5岁儿童听力培养方法

第4节 针对轮流互动和模仿能力的活动方法

轮流互动和模仿能力是孩子在游戏过程中与别人轮流互动,并重复其他人的动作、声音和单词的能力。

为了能与其他人相互影响,孩子需要有轮流互动和模仿的能力。他必须可以模仿,才能学习新技能。

在孩子还小的时候,他的轮流互动和模仿能力就已经开始发展了。当妈妈重复孩子的动作和声音时,孩子也会反过来模仿妈妈的声音和动作。

轮流互动和模仿能力的头两个阶段集中精力于通过在简单游戏中与其他人直接接触来发展。

以后的阶段集中精力使孩子参与更复杂的活动,这需要更好的合作能力和理解能力。

1. 第一阶段 0～6个月儿童轮流互动和模仿能力培养方法

图5-12 0～6个月儿童轮流互动和模仿能力的培养方法

2. 第二阶段　6～12个月儿童轮流互动和模仿能力培养方法

图5-13　6～12个月儿童轮流互动和模仿能力培养方法

3. 第三阶段　12～18个月儿童轮流互动和模仿能力培养方法

图5-14　12～18个月儿童轮流互动和模仿能力培养方法

4. 第四阶段 18个月～3岁儿童轮流互动和模仿能力培养方法

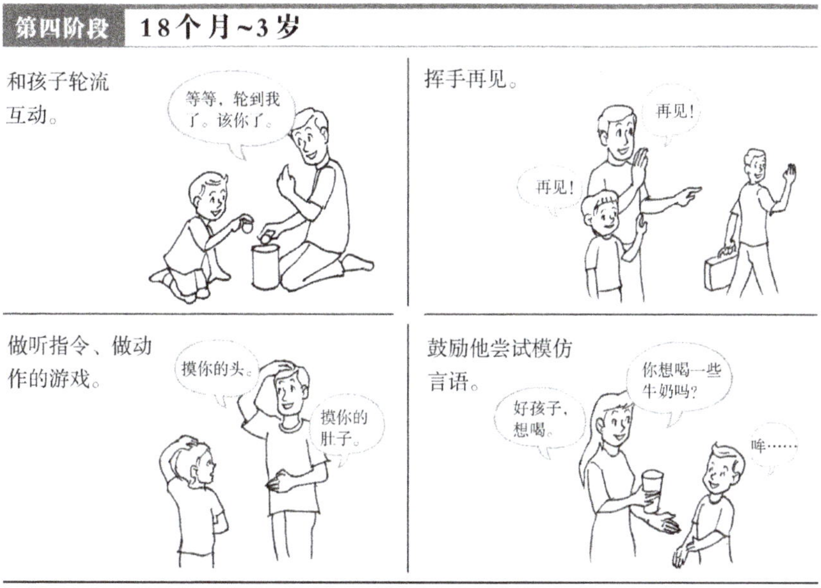

图5-15 18个月～3岁儿童轮流互动和模仿能力培养方法

5. 第五阶段 3～5岁儿童轮流互动和模仿能力培养方法

图5-16 3～5岁儿童轮流互动和模仿能力培养方法

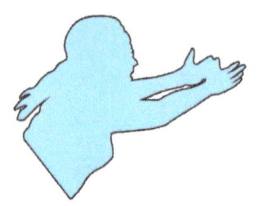

第5节 针对游戏能力的活动方法

游戏能力是孩子借助环境中的人和事,以一种有想象力、创造力和令人愉快的方法学习的能力。

孩子的游戏能力是必不可少的,因为通过游戏他能学习到沟通所需要的所有其他能力。

游戏能力在孩子一出生,喜欢自己发出声音并聆听声音,以及看并触摸脸就开始发展了。它能发展到可以参与复杂的、有规则的游戏的能力。

"游戏能力"的头两个阶段集中精力于教孩子一些简单的游戏——只需一个同伴,并使用简单物品的游戏。

以后的阶段则着眼于更有想象力的玩乐和更复杂的游戏。

1. 第一阶段 0~6个月儿童游戏能力培养方法

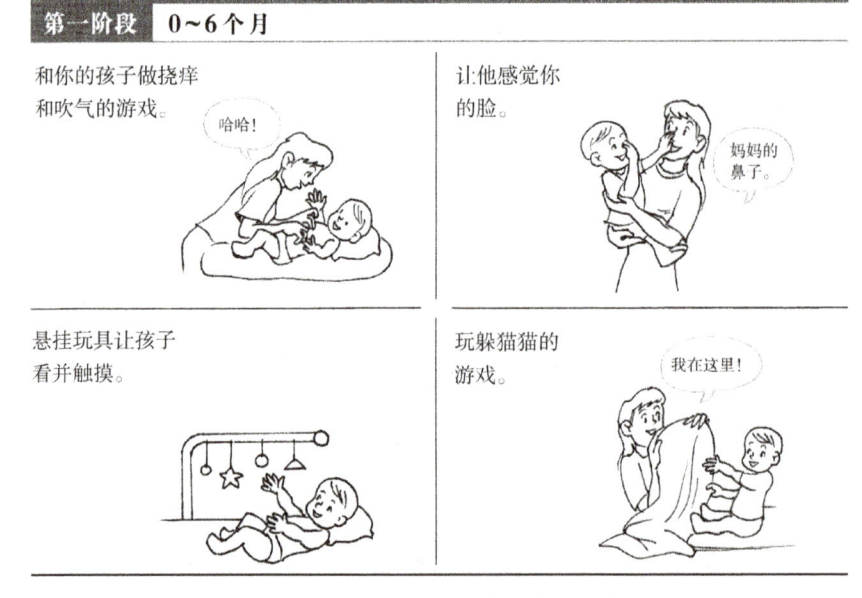

图5-17 0~6个月儿童游戏能力培养方法

第 5 章 改善沟通能力的活动方法

2. 第二阶段 6～12个月儿童游戏能力培养方法

第二阶段 6～12个月

做手指游戏。 一圈一圈地转，开始！

做"身体游戏"
——摇晃、举起、挠痒

给他物品握着，然后谈论物品。 这是一个杯子！ 杯子

让他感觉许多不同的玩具。 它是软的吗？

图 5-18 6～12个月儿童游戏能力的培养方法

3. 第三阶段 12～18个月儿童游戏能力培养方法

第三阶段 12～18个月

用线拴着玩具让孩子拉。 汽车开过来了！

让玩具消失不见，然后再出现。 哪里去了？在这里！

敲打锅或盒子。

互相推球、拍球。 球来了！

图 5-19 12～18个月儿童游戏能力培养方法

4. 第四阶段 18个月～3岁儿童游戏能力培养方法

第四阶段 18个月～3岁

图 5-20 18个月～3岁儿童游戏能力培养方法

5. 第五阶段 3～5岁儿童游戏能力培养方法

第五阶段 3～5岁

图 5-21 3～5岁儿童游戏能力培养方法

第6节 针对理解能力的活动方法

理解能力是孩子可以明白别人、情景和语言的能力。

为了参与沟通,一个孩子需要能够理解单词、手势和情景。

理解能力在孩子一出生,并明白他所看到和听到的事物时就开始发展了。它能发展成理解成人语言和复杂情景的能力。

"理解能力"的头三个阶段集中精力于促进孩子对日常生活情景有简单的理解。第四和第五阶段则注重对单词和简单句子的理解。

1. 第一阶段 0~6个月儿童理解能力培养活动方法

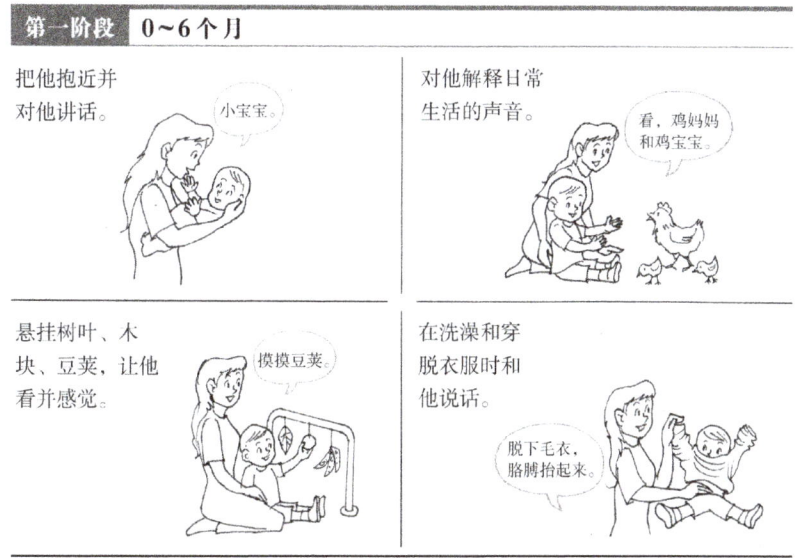

图5-22 0~6个月儿童理解能力培养活动方法

2. 第二阶段　6～12个月儿童理解能力培养活动方法

图5-23　6～12个月儿童理解能力培养活动方法

3. 第三阶段　12～18个月儿童理解能力培养活动方法

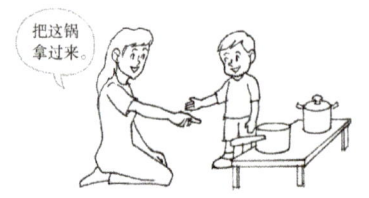

图5-24　12～18个月儿童理解能力培养活动方法

4. 第四阶段和第五阶段 18个月～5岁儿童理解能力培养活动方法

一个孩子需要理解许多不同类型的单词。这里有一些例子。

在每一栏里选择一些单词并帮助孩子理解它们,而且做到经常在游戏及日常生活情景中使用它们。首先选择那些能表达孩子需要和兴趣的词汇,然后再慢慢地增加。不要催促孩子,也不要强迫他说。

人物	东西	社交	动作	形容词
妈妈	牛奶	再见	吃	大
爸爸	水	你好	洗	小
孩子的名字	杯子	谢谢	睡觉	好
奶奶	盘子	不	坐	坏
爷爷	球	是	喝	硬
阿姨	头	我要	去	软
我	手	哪里	来	漂亮
你	腿	这里	拿	甜
我的	汽车	那里	摸	粗
你的	桌子	什么	走	滑

图5-25 18个月～5岁儿童理解能力培养活动方法

第 7 节　针对手势的活动方法

一、什么是手势

在交流中我们都会运用到手势。手势是双手、身体和脸部有意义的动作，是孩子使用身体动作、姿势和面部表情去沟通信息的能力（注意，这里的"手势"不仅仅是"手"的动作，也包括各种身势语）。

- 手势可以用于传达信息——例如，拍手说"谢谢"，挥手说"再见"。
- 只要其他人理解，任何身体动作都可以称为手势。

二、手势与手语的不同

听力损伤的孩子使用的手语，和这里说的手势有什么区别？

这是一个非常好的问题！记住，手语本身是一种复杂的语言。就像口语语言一样有自己的规则。手语是听力损伤人士的母语。而手势不是一个正式的语言系统。它是我们所有人都使用的，在某种程度上能使我们的口语信息表达得更清楚的符号。手势是不遵循任何特定规则的。

哦！我现在知道什么是"手势"了。我也了解了同时使用口语和手势可以帮助沟通困难孩子更容易地理解，并更有效地表达自己。但是我在想……一个孩子应该如何学习使用手势呢？

事实上，孩子学习使用手势的方法与学习使用单词的方法是相似的。现在，让我们先考虑孩子如何学习理解和使用手势。

三、不同年龄段儿童手势能力的培养

头三个阶段（0～18 个月）集中精力于鼓励孩子在日常情景中使用简单的手势。第四和第五阶段（18 个月～5 岁）着眼于更多便于沟通的特定手势的使用。

第 5 章　改善沟通能力的活动方法

1. 第一阶段　0～6个月儿童手势能力培养方法

第一阶段　0～6个月

做有趣的表情来让他看。

互相微笑。

视线接触。

指出有趣的事物。

图 5-26　0～6个月儿童手势能力培养方法

2. 第二阶段　6～12个月儿童手势能力培养方法

第二阶段　6～12个月

帮助他向东西伸出手。

给他东西让他伸手拿。

谈论你们看到的东西，并用手指向他们。

做手指游戏。

图 5-27　6～12个月儿童手势能力培养方法

3. 第三阶段　12～18个月儿童手势能力培养方法

第三阶段	12～18个月

挥手说"再见"和"你好"。　（再见！）

对你的孩子解释如何拍手。　（拍拍手。）（你想要这个吗？）

让他只想他想要的东西。　（你想要杯子吗？）

给他东西并谈论它们。　（杯子在这里，喝口水。）

图5-28　12～18个月儿童手势能力培养方法

4. 第四阶段和第五阶段　18个月～5岁儿童手势能力培养方法

在自然的日常生活情景中，说话的同时使用手势。在孩子尝试使用手势时，你要立即做出回应，并表扬他。和孩子接触的每个人都应该知道那些他所使用的手势，并且也努力地使用它们。

这里有一些你可以使用的手势的例子：

图 5-29　18 个月～5 岁儿童手势能力培养方法

第 8 节　针对言语能力的活动方法

言语是孩子发出声音并把它们放在一起形成单词，然后再组成句子的能力。孩子需要能够使用声音或言语作为表达自己的方法。

言语在孩子一出生发出咕咕声和咿呀声时就开始发展了。它能发展成所有发出的言语声音，并把它们放到一起形成可以理解的单词和句子的能力。

头三个阶段集中精力于鼓励孩子在有趣的情景中使用声音和单词。以后的阶段需要孩子自己说出单词和句子，并使用它们来进行沟通。

1. 第一阶段　0～6 个月儿童言语能力培养方法

图 5-30　0～6 个月儿童言语能力培养方法

2. 第二阶段 6～12个月儿童言语能力培养方法

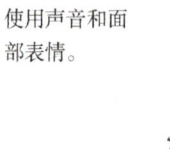

图5-31 6～12个月儿童言语能力培养方法

3. 第三阶段 12～18个月儿童言语能力培养方法

图5-32 12～18个月儿童言语能力培养方法

第 5 章 改善沟通能力的活动方法

4. 第四阶段 18 个月～3 岁儿童言语能力培养方法

图 5-33 18 个月～3 岁儿童言语能力培养方法

5. 第五阶段 3～5 岁儿童言语能力培养方法

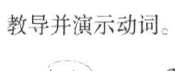

图 5-34 3～5 岁儿童言语能力培养方法

第9节 活动方法使用指南

一、如何使用这些活动方法

在介绍了许多活动方法之后,现在我们要看如何在目标计划中具体地使用它们。

活动方法使用指南:

(1)评估完成后,我们要决定孩子需要被帮助的沟通能力(记住,你的长期目标是发展这些能力)。

(2)制订3个或4个能帮助到那些沟通能力方面的目标——短期目标。

(3)查看相关"活动页",从中选择一个活动方法以达到每个短期目标。

(4)选择的活动要适合孩子的能力水平(查阅评估表,看孩子在每方面的能力属于哪个阶段)。

(5)现在,和孩子试试这些活动,以确保它们是合适的(活动应该既不太难也不太容易)。

(6)如果你对所选择的活动比较满意,就把它们写在目标计划上,并把这些活动教给孩子的父母。

(7)另外,随着孩子的进步,你需要增加或改变活动。

二、如何与听力损伤儿童交谈

与听力损伤的孩子交谈,要注意以下几点:

对孩子讲发生在他周围的事情。通过这么做,他就开始把听到的声音与周围的动作、事情、人物和东西联系起来。	在和孩子说话时,和他处在同一水平线上,并面对着他。

第 5 章　改善沟通能力的活动方法

| 在你和孩子说话之前，通过轻拍他和叫他的名字来引起他的注意。当你说话时，确定他在看着你。 | 在谈论某样物品时，把它靠近你的脸，这样孩子就能看到你的嘴形及那个物品。鼓励他去看并听。 | 在你说话时使用手势。鼓励孩子也使用手势。 |

| 自然地交谈，嘴型不要夸张。 | 在你对孩子说话时，使用正常的音量，不要太大声，也不要使用耳语。 | 在某物发出声音时，指给孩子看。告诉他关于这件东西，并鼓励他去看和听。 |

| 通过唱歌和做有声音的游戏，来鼓励孩子发出声音。当他发出声音时表扬他。 | 在对孩子说话时，用面部表情帮助他理解你在说什么。 |

图 5-35　与听力损伤儿童沟通需要注意的事项

还有一个帮助听力损伤孩子及其家长的好办法,就是为他们组织可以一起交谈和学习的小组。

第6章 帮助听力损伤儿童改善沟通

前面一章介绍了一些帮助听力损伤儿童改善沟通能力的活动。本章将介绍一些对听力损伤儿童有切实帮助的工具、技能。主要介绍有关助听器和手语的知识，最后讨论听力损伤儿童行为矫正问题。

第1节 助听器

请等一下，你一直在讲听力损伤，但关于助听器，你只是简短地提了一下。我想助听器应该也是非常重要的吧！

是的，助听器是非常重要的，许多听力损伤的孩子，特别是那些听力困难的，助听器能帮助他们。但是我们需要了解助听器能做什么以及不能做什么，并对它有切合实际的期待——既不要期望太高也不要期望太低。

一、有关助听器的相关问题

1. 什么是助听器

助听器是一种能把声音扩大的仪器。

2. 助听器如何能帮助听力损伤的孩子

所有人都是通过听周围其他人交谈来学习说话的。听力损伤的孩子因为不能听到其他人交谈，所以有学习说话的困难。助听器能使声音，包括说话声变大，这就有可能帮助孩子学习说话。

3. 孩子在使用助听器之后是否就能正常地听

不能。配戴助听器的孩子不能正常地听。因为助听器使所有的声音都变大——狗的叫声、婴儿的哭声和公共汽车的喇叭声——而不仅仅是说话的声音。还有，声音在通过助听器之后会有变化，与听力正常的人所听到的声音不同。然而，尽管孩子不能正常地听，助听器也能帮助他比以前听得更好！

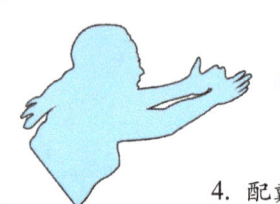

4. 配戴助听器是否能给所有听力损伤的孩子带来益处

如果给予好的帮助及支援，许多配戴助听器的孩子都会受益，然而不是所有听力损伤的孩子都能从中受益。轻、中度失聪的孩子配戴助听器比重度或深度失聪的孩子，通常能得到更多好处。在给孩子安装助听器前，我们需要考虑许多因素。

5. 在给听力损伤孩子安装助听器后，我们的工作是否就算结束了

不是。助听器的安装只是我们工作的开始，因为在安装了助听器之后，我们还要让家长和孩子知道如何使用助听器。若没有这样做，助听器本身就没有多大价值，也不能带给孩子任何帮助。另外，我们也需要时刻记住，无论孩子是否配戴助听器，我们都需要做许多事来帮助他们。

6. 孩子应该在什么时候开始使用助听器

如果配戴助听器对孩子真的有帮助，那就在孩子被鉴别出有失聪之后就尽快地安装助听器。

二、助听器的种类

尽管在你工作的地方可能没有所有类型的助听器，但它的类型却是多种多样的，而且每一种都有各自的利弊。这里介绍两类，即身体助听器和耳后助听器。注意，只有那些受过专业培训的人才能安装助听器！

1. 身体助听器

身体助听器多为盒式或眼镜式。可以装在口袋里，或挂在胸前的挂绳上，有一根电线把一个小麦克风与安装在耳朵里的耳模连接起来。这种助听器使用电池，需要经常维护。

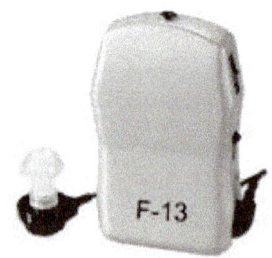

图6-1 身体助听器

优点：

（1）特别适合严重失聪的孩子。

（2）有很大的调整范围。

（3）比耳后助听器容易安装和维修。

（4）比耳后助听器耐用，不那么容易丢失。

（5）比耳后助听器便宜。

（6）使用的电池比耳后助听器便宜。

缺点：

（1）配戴起来非常明显。

（2）麦克风的位置离耳朵很远。

（3）麦克风容易被摩擦到，因而产生噪音并影响听的效果。

2. 耳后助听器

带在外耳后面的小塑胶盒里，有一小根管道连接到安装在耳朵里的耳模上。使用小电池，需要经常维护。

优点：

（1）可以用于轻度到严重失聪的孩子。

（2）通常有调整范围。

（3）佩戴方便，不那么明显。

（4）麦克风的位置在耳朵的水平位，所以在收集声音时，比身体助听器干扰少。

（5）每只耳朵有它自己的麦克风。

缺点：

（1）通常比身体助听器昂贵。

（2）与身体助听器比较，容易坏且不那么耐用。

（3）更容易丢失。

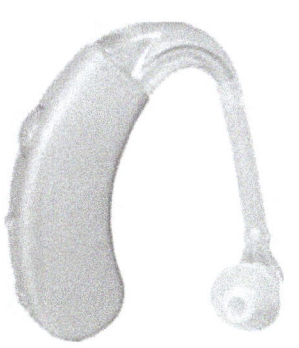

图 6-2　耳后助听器

三、助听器工作原理

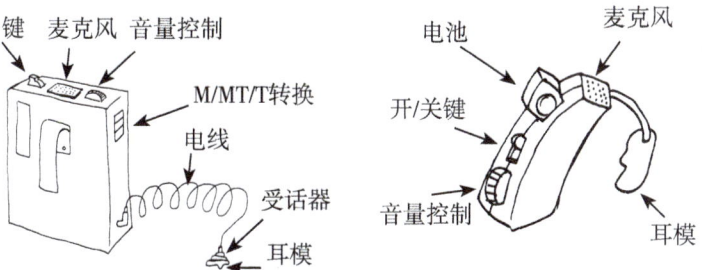

图 6-3　助听器工作原理

助听器都包括 6 个基本部件：

（1）话筒（传声器或麦克风）接收声音并把它转化为电波形式，即把声能转化为电能（麦克风相当容易坏，需要小心地保护使其不被损坏。也不要盖住它，那样会阻碍声音进入助听器）。

（2）放大器放大电讯号（晶体管放大线路），音量控制是有编号的，安装助听器的技术人员应该告诉家长把音量控制设在哪个号码（需要经常检查助听器的音量是否正确）。

（3）耳机（受话器）把电讯号转化为声讯号（即把电能转化为声能）。受话器从电线接收声音，并把声音从耳模传送到耳朵。

（4）耳模（耳塞）置入外耳道。耳模是一片安装在孩子耳朵里的塑胶模子。通过它的运转，一根小中空管道把声音从受话器传送到耳朵。耳模必须完全适合孩子的耳朵——如果不合适的话，助听器所听到的声音会有啸鸣声，那就需要重新制作一个新耳模——家长应该对此有所准备，特别是在他们的孩子年龄还小或正在快速成长时——保持耳模清洁是重要的，如果可以，应该每天用一个刷子在温热的肥皂水里清洗。

（5）开/关键用来打开和关闭助听器——在不使用助听器时，应该关闭助听器，使用的时候再打开。

（6）电源是供放大器用的干电池。电池能让助听器工作，但是必须要经常更换（如果不更换电池，助听器就不能有效地工作——要检查电池是否还有电。可以把受话器放到你的耳边，如果助听器能放大声音，那就说明电池还有电、如果声音没有它应该有的那样大，那就说明要更换电池了）。

此外，助听器上还有 M/MT/T 转换键（通常应设定在 M）、电线（把声音从身体助听器传送到受话器，然后受话器再把声音传到耳朵里；要检查电线是不是被正确地接到助听器上，若电线被损坏，就应更换）和挂绳等部件。

四、佩戴助听器要注意的问题

1. 助听器的维护

如果自己的孩子佩戴助听器，家长就必须每天负责进行护理。在孩子长得比较大之后，就可以让他自己负责护理助听器了。

佩戴助听器要注意以下几点：

- 在把助听器放进孩子的耳朵之前，先在你自己的耳朵里试一试——如

果它产生的音量使你的耳朵感到瘙痒或疼痛,那对于孩子来说,助听器音量就被设得太高;
- 确保助听器的音量没有超过孩子所需要的音量;
- 早上,在孩子穿衣服的时候让他戴上助听器,晚上上床前再把助听器摘下来,每天这样重复能帮助孩子习惯配戴助听器;
- 注意挂绳要干净,孩子戴起来也觉得舒适;
- 戴身体助听器时,要把电线折叠起来放在耳朵顶部的上方,这样就不会吸引孩子去拉它们;
- 在戴上助听器之前,需要检查所有部分是否能正常运作;
- 每天晚上要清洁耳模;
- 在需要时更换电池;
- 要使孩子重视并照顾好自己的助听器,并且要让他们在使用助听器的时候感到愉快。

2. 在哪里可以找到助听器

助听器应该由专业人员负责安装,你可以通过以下渠道找到——经销商、聋人学校、教育部门、医院。

记住,在安装助听器之前,应该由专业人员为孩子的听力做正式评估。

3. 检查助听器

助听器看起来运作不正常,你就可以检查:
- 开/关键,助听器是"开"着的吗?音量控制有没有打开?
- 里面装了电池没有?
- 电池装对了吗?
- 电池有电吗?
- 耳模是否脏了,或是否被堵住了?
- 电线是否被损坏或断裂了?
- 电线被正确地接到助听器上了吗?

如果在检查了以上几点之后助听器还是不能正常工作,就让家长带着助听器和孩子,回到当初供应助听器的部门和地方予以解决。

记住,助听器是昂贵的物品,在不使用它时,要把它存放在安全的地方,放在其他孩子不能拿到的地方,并注意要远离食物、水、灰尘和虫子。要照

管好助听器。

4. 佩戴助听器需考虑的一些因素

记住,不是所有听力损伤的孩子都需要安装助听器。在你让孩子安装助听器之前,要考虑清楚:
- 孩子由接受过专业培训的人做过听力测试吗?
- 佩戴助听器会给孩子带来好处吗?你能确定吗?
- 有足够的钱购买助听器吗?
- 在买了助听器之后,还有足够的钱对其进行维护吗?——制作新耳模,买新电池和电线等。
- 家长有足够的交通费到可以提供服务的地方去吗?
- 你确定家长能在家里认真负责地帮助孩子使用助听器吗?你能为家长提供他们将来需要的支援和建议吗?
- 家长是否完全清楚助听器能为他们的孩子做什么,不能做什么?

有时,一些听力损伤的孩子可能不适合配戴助听器,但是记住,我们仍然可以为他们做许多其他的事来帮助他们,记住这一点也是很重要的。

我们可以通过安装助听器来帮助听力损伤的孩子,但是在安装之前我们需要考虑许多的因素。

五、给孩子佩戴助听器前家长需要了解的知识
　　——以小美的父亲为例

小美的父亲打算给小美佩戴助听器,在此之前,他要对助听器的使用进行全面了解。

第6章 帮助听力损伤儿童改善沟通

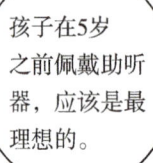

嗯,助听器不是一个治疗方法。如果小美有听力困难,那助听器或许可以帮助她学习讲话,但她仍然需要你和你家庭的帮助。

这是什么意思?

孩子不会在使用助听器之后,突然就能正常地听并开始说话。我们需要帮助她去学习听并理解她所听到的,然后,她才能慢慢地开始说话。

听力损伤儿童沟通能力康复训练手册

助听器需要花钱买吗?

嗯,有时候助听器可能是免费赠送的,但有时候你需要付钱购买。

是的,我来解释一下……

那在我买了助听器之后,还需要花更多的钱吗?

要让助听器正常地工作,需要小心照管并每天清洁。隔几个月就需要更换新电池,并安装新耳模。这些都要花钱。而安装助听器的地方通常是在大城市,所以,你也需要支付路费去那些地方。加上电池和耳模的费用,算下来是十分昂贵的。

第 6 章　帮助听力损伤儿童改善沟通

图 6-4　佩戴助听器的过程

六、自制助听器

你想用一些有趣的方法来帮助你的孩子喜欢听声音吗？试着做一个自制的助听器吧！它的制作和使用都很有趣。它能帮助你的孩子听见，并愿意听更多的声音。它对有听力困难的孩子特别有帮助。

我们自己就可以制作两种助听器。

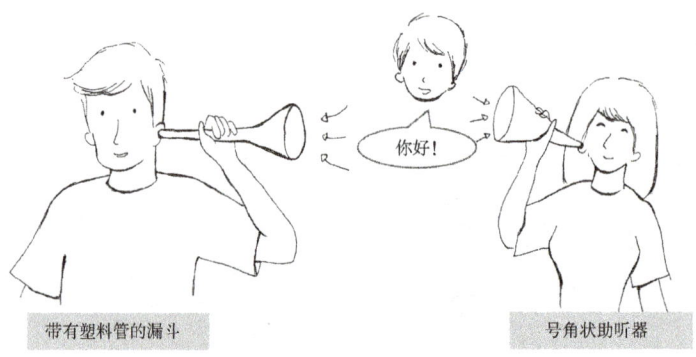

图 6-5 自制号角状助听器

如何使用？

漏斗状助听器的制作比较简单。先准备材料，包括一根 1 米长的细塑胶管和一个小塑胶漏斗。漏斗要能被紧紧地套在管子的一端，塑胶管的另一端则连着耳边。使用时，用漏斗敞开的一端与喇叭收集声音，声音通过塑胶管直接传送到耳朵。与听力损伤的孩子说话时，拿着漏斗对着嘴，清晰直接地向里面说即可。

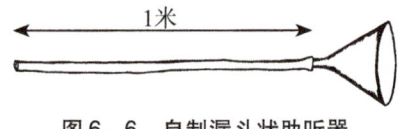

图 6-6 自制漏斗状助听器

号角状助听器的制作稍微复杂一点，下面介绍相应的步骤。

1. 需要的材料

- 用塑胶包着白板子；
- 双层塑胶布；
- 装饰用白纸；
- 一个碗（直径约为 17cm）；
- 酸奶盒；
- 泥；
- 笔帽；
- 胶水（面粉/玉米粉和水）；
- 纸条。

2. 先制作喇叭

- 把酸奶盒放在碗的底部,碗口朝下放在塑料板上;
- 在酸奶盒周围涂上泥,并塑成圆锥形;

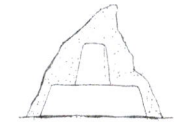

- 用双层塑料紧紧地包住整个碗和泥的圆锥形,一层叠在另一层上;
- 把杂志纸撕成长条形,涂上胶水——用长纸条盖住圆锥体,做成如下图所示的5层纸条;

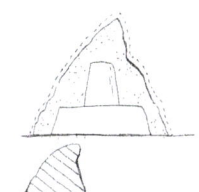

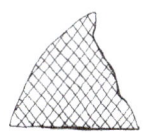   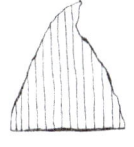 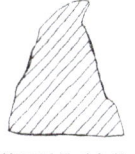 

第一层是交叉的　　第二层是水平的　　第三层是垂直的　　第四层是对角的　　第五层是从另一边呈对角的

图6-7　自制号角状助听器的过程

- 慢慢地把纸模子从泥模型上取下来;
- 等待它干;
- 根据以下方法制作并安装一个耳机;
- 然后盖住整个圆锥体,里面和外面都要用棕色小纸片;
- 等待它干;
- 用漂亮的纸覆盖住喇叭,涂上清漆会使它看起来更好;
- 试用一下。

3. 制作耳机

	这个可用笔帽来制作(如有需要,把它弄短)。
	剪掉笔帽尖的一头,把它磨平。

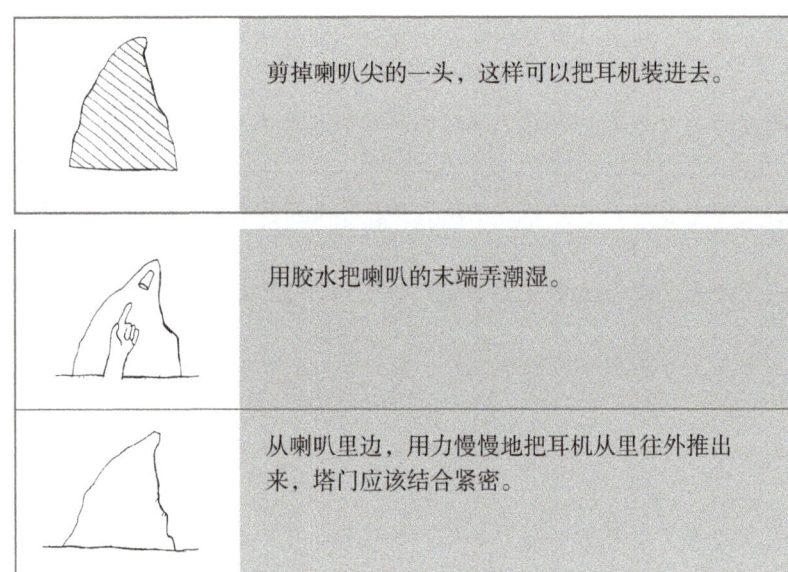

图6-7 自制耳机的过程

七、如何正确使用助听器

除非教孩子正确地使用助听器，否则，对孩子来说助听器本身是不会有多大作用的。为了能够说话，孩子需要学习听。

记住，教孩子听的最佳时机是在自然的日常生活情景里，我们可以告诉孩子他正在做什么，或是发生在周围的事，这是很重要的。但是，如果家长有时间，也有兴趣提供比这些更多的帮助，那他们可以尝试以下这些帮助孩子听和说的游戏。

1. 开始前的准备

如果孩子使用身体助听器或耳后助听器，就要检查助听器是否正常工作，孩子佩戴起来是否感到舒适。

如果孩子使用漏斗和塑胶管，说话的人应该牢牢地抓住漏斗，并贴住下巴。听的人应该抓住塑胶管的末端放在耳朵边，并看着说话者的脸。

图6-9 使用助听器前的准备

2. 开始听说游戏

彼此轮流发出不同的声音。

当你们看到动物时，发出不同动物的叫声。

假扮成不同的动物来做游戏，发出各种动物的叫声。

在周围有声音出现时，为孩子指出它们，并模仿这些声音。

孩子需要仔细听。当他听到你说"放"时，就往罐子里放一颗石头。

把东西靠近你的脸，这样，在你说出它的名称时，孩子可以看到你的嘴。

做听音乐跳舞的游戏。当你敲鼓时孩子必须行走或跳舞，在你停下来时，他们都要坐下。

使用动物图片，当你发出动物叫声时，孩子必须听并指出正确的图片。

拿一张图片靠近你的脸，说出它的名称，鼓励孩子也说。

放两个罐子，当你说"八"时，孩子必须往一个罐子里放一个石子，当你说"四"时，他必须把石子往另一个罐子里放。他需要仔细听！然后再用不同的声音做这个游戏。

图 6-10　听说游戏过程

首先尝试那些前面较容易的活动，只有在孩子把那些活动都做成功了之后再开始后面较困难的活动。此外还有很多的方法。不要忘记使用前面一章提到的训练"听力"的那些活动方法。

八、使用助听器需要记住的重点

- 每个孩子都是独特的，他们的需要也不同——每个听力损伤的孩子都会有他自己的需要，也需要得到不同的帮助——一些孩子可以受益于助听器，但另外一些却不会；
- 听力损伤孩子的家长必须清楚地知道，助听器能帮助孩子做什么，不能帮助孩子做什么，我们需要确保他们有切实的期待；
- 我们能做许多不同的事来帮助听力损伤的孩子，给他们安装助听器只是其中的一个；
- 家长是最能帮助到孩子的人——对于听力损伤的孩子来说，最重要的人是一个熟悉他、爱他的家长；
- 如果要给孩子安装助听器，我们就需要保证助听器的类型是适合孩子的，而根据孩子的需要对助听器进行调整，这必须要由接受过专业培训的专门安装助听器的人来调整；
- 助听器需要正确的维护；
- 无论孩子佩戴哪种类型的助听器，都应该教他如何使用，这样助听器才会给孩子带来益处；
- 孩子对使用助听器感到有乐趣且有信心是最重要的——我们需要培养他们的这种乐趣，这样他才会乐于去学习和沟通。

第2节 手　　语

沟通（交际）有许多种方法，主要的方法是使用语言、手势或姿势、图片和书写。在训练残疾儿童沟通能力的时候，我们总是说要"尽一切方法来沟通"，意思是说，为了使别人明白我们的信息，我们可以联合使用所有的沟通方法。

普通人大多使用语言作为主要的沟通媒介，其他方法只用作辅助。但是，我们应该鼓励那些说话不清楚的人使用其他沟通方法来使别人了解他们的信息。记住，不管我们使用什么方法，让别人明白我们的信息才是最重要的。我们需要接受各种沟通方法。

只要一个人在使用语言来进行自我表达的过程中存在困难，我们就应该鼓励他采用其他的沟通方式来使他人理解他的信息。我们应该接受他使用的那种特定沟通方式，这些特定方式可使用于任何场合中，正如你也可以随时随地地使用语言与他人进行沟通一样。

为了鼓励残疾孩子使用其他的沟通方式，我们应当重视其他的沟通方法；与他一同使用那些方法；当他使用时对他有所反应，并表扬他。这与鼓励孩子学习说话是差不多的。

对于有听力损伤的孩子，使用手势通常会成为他的主要沟通方法。这里，我们就讨论一种特殊的手势——手语。

一、手语是听力损伤人士的母语

1. 什么是手语

手语是人们在聋人环境中使用手的指式、动作、位置和朝向，配合面部表情，按照一定的语法规则来表达特定意思的交际工具。它是听力损伤人士的母语。

手语是一种有它自己规则的语言，它像任何的口头语言一样复杂而详细。就像有不同的口头语言如汉语、法语和英语一样，手语也是不同的，例如英国手语和中国手语。

手语有严谨的语法规则，而不是仅仅随便地把一些手势收集来放在一起。它利用到整个身体，特别是双手、面部表情和身体姿势。

那些使用手语作为第一语言的听力损伤的成人，可能是最好的手语老师，因为那是他们的语言，听力损伤儿童应设法向他们学习。

自20世纪80年代以来，在国家制定的历次"残疾人事业五年工作纲要"中，在国家教育行政部门有关聋人教育的文件中，多次提出要推行和使用中国手语，明确以规范统一的《中国手语》作为我国官方推广的通用手语。2001～2003年，《中国手语》修订，并逐渐得到推广。2006年1月，中国残疾人联合会教育就业部、中国聋人协会和广州市手语研究会共同组织专家编写出版了《中国手语培训教材（试用）》。

听力损伤儿童应该学习手语以提高沟通能力。

2. 手语的作用

为了说明手势对于沟通是多么的有用，试试这个活动……
- 几个人组成一个小组；
- 给小组里的每个人一个简单的信息；
- 每个人必须轮流到全组人的前面，设法只使用手势来传达他的信息；
- 在游戏结束时，和全组人讨论手势对沟通的有效性。

记住，对于听力损伤的孩子，我们可能会集中精力帮助他发展手语。但是我们也需要继续鼓励他使用其他的沟通方法，像言语和书写，其根本目的是要获得有效的沟通。

二、教听力损伤儿童使用手语

1. 学习语言（词汇、手势等）的三个阶段

下文我们会专门谈到词汇的学习。这里我们要看孩子如何学习使用手势来进行手语沟通。实际上，孩子在学习使用单词和学习使用手势之间有许多的类似之处。正如学习单词一样，学习手势也包括了三个阶段，它们是：
- 孩子看到手势在有意义的情景中被使用；
- 孩子把手势和它们的意思联系起来，并设法模仿；
- 孩子自然连贯地使用手势。

要完成这些阶段，家长和孩子都必须做一些重要的事：

表6-1 听力损伤儿童学习手势的三个阶段

阶段	孩子	成人	重点！
1. 理解意思	看到手势在很多情况下被使用。 ● 把他所看到的手势和意思联系起来； ● 开始理解手势。	在许多不同的情况下强调手势并使用它。 ● 重复手势，并清楚地把手势和它的意思联系起来； ● 对一件东西要一致地使用相同的手势。	在这个阶段，孩子自己不需要做出手势。 ● 孩子应该积极地参与到情景中； ● 耐心——这个阶段需要花时间。
2. 模仿成人	尝试模仿他在情景中看到的手势。 ● 通过成人的回应得到鼓励； ● 不断地努力。	给孩子时间尝试做出手势。 ● 表扬孩子为使用手势所做出的任何努力； ● 自然连贯地继续使用手势。	你可以帮助孩子，但不能强迫他。 ● 在这个阶段给孩子许多实践的机会——不要催促他进入下一阶段。
3. 有意义地使用手势	考虑自己想要传达什么意思。 ● 记住代表这个意思的单词； ● 记住如何做出手势。	继续同样的活动来给孩子时间进行考虑并使用手势。 ● 表扬并肯定孩子在有意义的情况下为使用手势而做出的任何努力。	逐渐地介绍新的手势和活动。 ● 确保你和你的家庭经常对孩子使用手势。

我们已经说过手语要比只是使用个别的手势复杂得多。孩子需要学习把这些手势放在一起形成句子，就像可以听见的孩子把单词放在一起造成句子一样。

2. 手语"词汇"

在孩子可以学习把手势放在一起之前，他需要了解许多不同的手势，不仅是事物和人物的名称，还要有动作、形容词和社交的手势。这里有一些孩子可能用得上的手势的例子。例如：

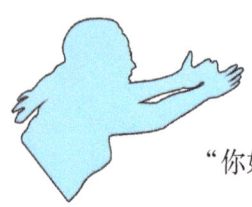

"你好"

图6-10　手语"你好"图示

你：一手食指指向对方。好：一手伸出大拇指。

"谢谢"

图6-11　手语"谢谢"图示

一手伸拇指，弯曲两下（可根据实际情况确定手势动作的方向）。

"对不起"

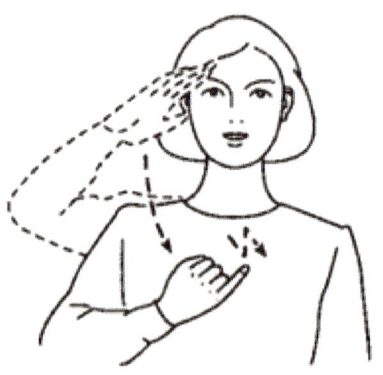

图6-12　手语"对不起"图示

一手五指并拢举于额际，如行军礼状，然后下移改伸小指，在胸部点几下，表示向人致歉并自责。

"我爱你"

图6-13 手语"我爱你"图示

我:一手食指指向自己。爱:左手伸拇指,右手轻轻抚摸左手拇指指背,表示怜爱。你:一手食指指向对方。

"早上好"

图6-4 手语"早上好"图示

早上:右手横伸,五指撮合,手背向上,然后稍向上移动并逐渐张开五指,表示早晨太阳初升,天色由暗转明。好:一手伸拇指。

"晚安"

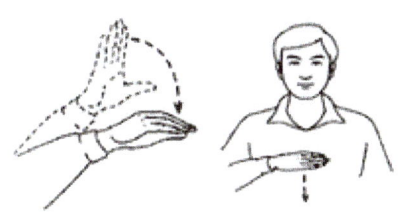

图6-15 手语"晚安"图示

一手五指与并拢的四指成90°直角,置于眼前,然后边做弧形下移边捏合五指,表示天色由明转暗。安:一手横伸,掌心向下,自胸部向下一按。

请使用中华人民共和国民政部提出的《中国手语基本手势动作规范》及其《中国手语基本手势与词汇表》。

3. 手语词汇是怎么形成的

许多手势(但不是所有的)与它们所涉及事物的外观有关。例如,在津巴布韦,"面包"的手势是切面包的动作;"香蕉"是剥香蕉的动作;"妈妈"

是"哺乳"的动作;"爸爸"是摸胡子的动作等。通常它们都是根据常识而设计的。所以在一个地区内,人们会根据当地做事情的方式来发展手势。同样,孩子和家庭也会按照他们的需要发展自己的手势。类似的,如果你需要一个特别的、目前还没有出现的手势,你也可以自己创制一个。

4. 连词成句

如何把手势放在一起形成句子?这就涉及"语法"问题。

"手语基本手势与词汇"通常是孩子首先要学习的手势。

这些手势、词汇可以分为人物词、事物词、社交词、动作词、形容词等。孩子需要从每个组里学习一些手势,这比仅学习一组里的所有手势会更有帮助。因为他们在了解了许多不同的手势之后,可以开始把手势放在一起形成短语和句子了。我们可以通过把他知道的手势连接在一起,并在游戏和日常生活情景中经常使用它们来帮助他学习。家长应该在说短语的同时也使用手势。

选择那些能表达孩子的需要和兴趣的手势是很重要的。

下面是一些手语句子。

 我饿了!

记住:手势不仅是一个手的动作。它还包括了整个身体的运动,面部表情和言语。

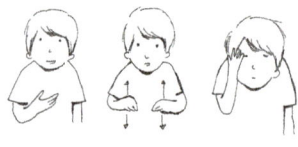 我的妈妈很伤心。

   你的帽子在哪儿?

  妈妈在煮粥。

第6章 帮助听力损伤儿童改善沟通

穿上你的长裤子

盘子在哪儿?

妈妈在洗她的衬衣。

洗盘子和锅。

爸爸有一双大鞋。

我正在吃面包。

大球在哪儿?

爸爸在公共汽车上。

球在桌子的下面。

爸爸再见!

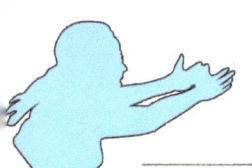

你的小汽车在那儿。

宝宝睡觉了。

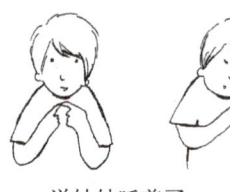

洋娃娃睡着了。

那个胖女人很难过。

图 6-16　手语举隅

孩子通过看到周围的每个人在自然的日常生活情景中使用手语来学习使用它们。如果他尝试自己使用手语，应该鼓励并表扬他，但绝不要强迫他使用手语。

三、手语使用需注意的重点问题

- 像英语、法语一样，手语也是一门语言，有着自己的规则；
- 设法找出你们国家的聋人所使用的手语，找一个人教你一些手语，这样你可以教给家长；
- 手语不仅是一个手的动作，它也包括了面部表情和整个身体的运动；
- 使用手语的聋人可以帮助你与聋儿及其家长的工作；
- 帮助孩子学习手语就像帮助孩子学习单词一样；
- 教那些能帮助孩子表达需要和兴趣的手语是很重要的；
- 孩子学会许多不同的手语之后，就可以开始把手语放在一起形成短语和句子了。

尽管对于听力损伤的孩子来说，发展手语是很重要的，但我们也需要鼓励他发展其他的沟通方法，比如言语和书写。

第3节 听力损伤儿童的行为矫正

一、听力损伤儿童的行为问题

听力损伤的孩子可能会有行为问题。这是因为他们和其他人之间有沟通的问题,也就是说他们不能理解如何才能有像其他孩子那样的行为。由于他不能清楚地表达自己,听力损伤的孩子也会有挫败感。

听力损伤孩子的家长替孩子来表达,这是一个问题,我们需要给他们如何帮助孩子的建议。其中一个方法就是进行一个测试。测试会呈现出家长在实际生活中可能会遇到的情况,并让他们选择处理这些情况的最好方法。

二、小测试

下面的问题可以让家长明白该如何对待孩子的行为问题。请记住后面的回答和要点。

问题:

(1) 你的孩子和一些朋友一起游戏,他们打破了你最好的花盆。你会:

a. 责备所有孩子。

b. 除了你的聋儿外,责备所有孩子。

(2) 星期一,你的孩子在墙上乱涂,你责备了他。星期二,他还是这么做,但你没有责备他,你让他逃脱惩罚。这么做,对吗?

(3) 你的孩子拿你最好的陶瓷茶杯来玩。你会:

a. 从他后面抓住他,并使劲摇他。

b. 通过面部表情和手势警告他你生气了。

(4) 你的孩子向你要可乐,你说"不",但他还一直在要。最后,只是要让他安静下来,你就给了他可乐。这么做,对吗?

(5) 你的孩子正在发脾气,并大声地喊叫。你会:

a. 保持镇静,不去注意他,直到他静下来,然后走过去安慰他。

b. 也向他喊,直到他安静,然后离开他。

(6) 你的孩子有向人扔东西的习惯。你会:

a. 把东西向他扔回去。

b. 简短地责备他,把东西拿走,然后在短时间内不去理会他。

答案和需要记住的重点：

（1）a. 责备所有的孩子。包括你的聋儿——

听力损伤的孩子应该像其他孩子一样，得到同样的惩罚，不要只是因为他的听力损伤就放任他。

（2）不，这么做是不对的。如果有一天你的孩子做错了一件事，你责备了他。那么，每次他做那件事时，你必须用相同的方法对待他。

学习什么是对，什么是错，对于听力损伤的孩子是非常重要的，他的家庭必须始终如一地做到这点，始终如一！

（3）b. 通过面部表情和手势向他表示你在生气。绝不要在没有警告的情况下打孩子，设法向他解释你为什么生气。

因为听力损伤的孩子不能很好地听，所以他不能完全理解一个情况。因此，通过使用单词、面部表情和手势向他解释情况是非常重要的。

（4）不，这么做是不对的。如果你开始说"不"，就不要让步。

"不行！我说过不行，就是不行！"

听力损伤的孩子需要明白，当一个人说"不"的时候，他们的意思就是"不"。大人要坚持自己的观点，并且不能为了取悦孩子而做出让步，这是很重要的。

（5）a. 保持镇静。设法不理会你的孩子，直到他安静下来，他安静下来之后再去安慰他。

由于挫败感，听力损伤的孩子可能会发脾气，并认为这样做能得妈妈的注意。但是他需要明白这不是好的行为，他只有安静下来才能得到注意。

（6）b. 简短地责备他。把他扔掉的东西拿开，不要理会他。之后，在他表现好时，教他一个更好的游戏，例如把石头扔进盒子，或把水果扔进篮子。

在孩子行为不当时，告诉他这样不对，这是非常重要的。但同时自己要保持镇静。然后，再设法把他做过的事转变成更积极的活动。

记住，最重要的是，听力损伤的孩子应该知道大家对他的期待是什么。他需要通过生活中的秩序和规则而得到安全感，而我们是可以提供秩序和规则来帮助他的。

第7章 运用游戏培养孩子的沟通能力

【家长感言】

　　我以前不知道游戏有多重要，孩子可以通过游戏学到那么多。但是现在我可以看到自从我帮助孩子做更多游戏之后，他学到了很多。他对周围发生的每一件事都更有兴趣，甚至还尝试告诉我发生了什么事！

　　我从来没有教过我的其他孩子怎么玩——因为他们能轻松自然地学会。但是小青就不同了，我不得不教她如何做游戏。

　　我永远不会忘记我第一次去康复中心的经历。我希望他们可以治疗我的孩子，但是他们却教我怎么和小平一起玩。后来我想："大老远到康复中心去，就是要学习怎么玩吗？我再也不去那里了！"然而，几个月过去了，小平还是不会说话，我的妻子就劝我再去康复中心。所以我回去了，他们还是给我同样的建议，但是这次我们全家决定要试试他们所建议的方法。从那以后，小平就不断在进步。

　　我过去以为要和我的孩子一起玩，我需要买昂贵的玩具。但是我错了！我的孩子最喜欢玩的是罐子、壶、勺子、石头和家里的其他一些东西，或是我自己做的玩具。

　　本章讨论游戏对我们帮助孩子的工作的重要性，以及如何使用游戏去发展孩子的沟通能力。

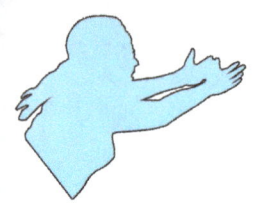

第1节 游戏及其种类

一、游戏的内涵

1. 什么是游戏

- 游戏是孩子用自己的方法，以自己的速度自由地试验事物的过程；
- 游戏是令人愉快和充满乐趣的活动；
- 游戏是孩子自发的活动——他选择玩什么、如何玩（他可能不会邀请另一个人参加）。

2. 游戏为什么是重要的

在构成"沟通房子"的砖块中，"游戏"是最大的砖块之一。游戏可以发展许多沟通能力。

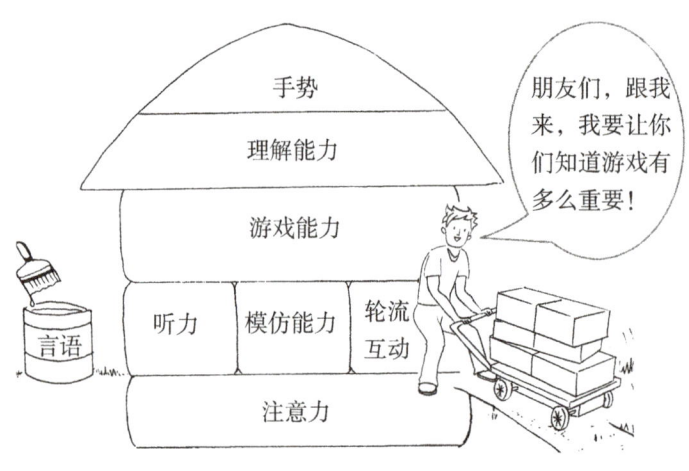

图7-1 "沟通房子"与游戏

- 游戏是重要的，因为它为孩子将来在各方面的学习打下基础。他可以实践已有的能力，并发展新的能力；
- 游戏是重要的，因为它建立孩子对周围人和事的理解能力，这是沟通的基础；
- 孩子可以在游戏中实验和学习，这种实验是没有失败的风险。

3. 游戏如何发展

- 游戏是由妈妈和孩子之间的互动开始的；
- 以后，孩子将和其他人及他周围的事物产生互动；
- 随着孩子的发育，每一种游戏类型自身也会进展到不同的阶段。

4. 需要帮助孩子游戏吗

- 为了学习玩，所有的孩子需要他们的家长、兄弟姐妹和其他人的激励。
- 有残疾的孩子也需要激励，但可能需要特别的帮助和注意。
- 残疾孩子的家长需要鼓励他们的孩子积极进入游戏情景中，也需要帮助他学习。

二、游戏的类型

游戏包括探索性游戏、社交性游戏、运动性游戏、假想性游戏、操作性游戏和解决问题的游戏等共6大类别。

这些不同的类别可以看作拼图玩具，它们拼在一起就形成了游戏的全貌。所有拼图彼此交叠，互相依赖。

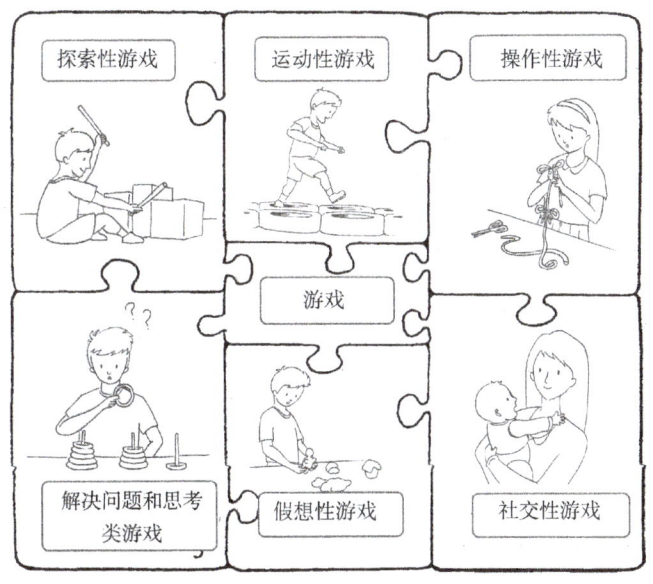

图7-2 游戏类型

现在我们来仔细看看每种不同类型的游戏，及它们如何被不同的残疾所

影响。

三、探索性游戏

探索性游戏是实验和发现新事物。

1. 探索性游戏为什么重要

- 探索是孩子发育的基础；
- 它使孩子能够发现新事物，并对他所生活的世界有更多的认识；
- 它激励孩子想要了解更多周围的世界；
- 它帮助孩子发展技能并学习新的技能。

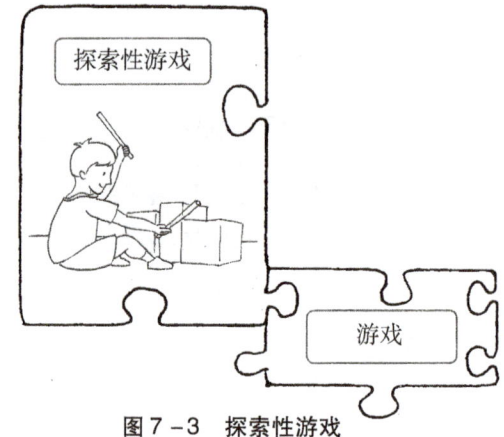

图 7-3 探索性游戏

2. 残疾孩子需要探索吗

当然。残疾孩子就像其他任何孩子一样需要探索，但他可能需要更多的帮助和鼓励。

如果我们给孩子探索的机会，那他就更有可能学习并发展他的技能和能力。

3. 如何鼓励孩子去探索

- 通过周围充满不同的物品和事情，让孩子对他的世界感兴趣，以此来激励他去探索；
- 随着孩子的兴趣——注意他对什么感兴趣，并表现出你也有同样的兴趣；
- 通过你对事物表现出的兴趣及你的行为，向孩子展示如何探索。

四、运动性游戏

运动性游戏是在有趣的身体运动中使用身体的各个部分。

1. 运动性游戏为什么重要

- 运动是孩子发育的基础；
- 它使孩子能够在探索他的世界时变得主动；
- 它给孩子提供了解他的身体并获得对它的控制的机会。

2. 残疾孩子需要运动吗

当然。残疾孩子就像其他任何孩子一样需要体验运动，但他可能需要更多的帮助和鼓励。如果我们给孩子体验运动的机会，那他就更有可能发展对身体的意识以及如何控制它的理解能力。

3. 如何鼓励孩子运动

- 通过设置情景来激励孩子运动（例如，把物品放置在他差一点就可以拿到的地方）；
- 和孩子做消耗体力的身体游戏，这能帮助他觉得运动是有趣的。

如果孩子有身体残疾，如听力损伤，就应该向专家咨询促进运动的建议。

图7-4 运动性游戏

五、操作性游戏

操作性游戏是在被控制和熟练的状态下协调手和眼的一种能力（手/眼协调）。

1. 操作性游戏为什么重要

- 操作性游戏是孩子发育的一项重要技能；
- 它使孩子能够控制玩具和物品，这样他就能离开大人，独自游戏；
- 拥有操作能力意味着孩子在长大以后，能为自己做更多的事（例如，扣钮扣、使

图7-5 操作性游戏

用餐具、写字或画画。这对一个人获得自尊和独立是非常重要的）；

- 通过操作，孩子才能了解物品的尺寸、重量、形状等。

2. 残疾孩子需要操作吗

当然。残疾孩子就像其他任何孩子一样需要学习操作物品，但他可能需要更多的帮助和鼓励。如果我们给孩子学习操作的机会，那他就更有可能发展日后生活所需的精细运动能力，比如做饭、写字、缝纫、木工活、操作机器。

3. 如何鼓励孩子去操作

- 当孩子对一个东西感兴趣时，向他表现出你也有兴趣，并解释如何操作那个东西；
- 通过手把手的方式，你可以从体能上帮助他操作物品；
- 给孩子能激励他伸手拿并操作的玩具或物品。

如果孩子有手/眼协调的特殊困难，就应该寻求专家的建议。

六、社交性游戏

社交是两人或多人之间的互动，它包括给与得，是一个双向的过程。

1. 社交为什么重要

- 社交对于沟通的发展是必不可少的；
- 通过观察和模仿他人的行为，鼓励孩子向他们学习；
- 它为孩子提供自然的机会去实践和发展沟通能力；
- 和别人轮流互动的体验，对于日后生活中人际关系的发展是必不可少的。

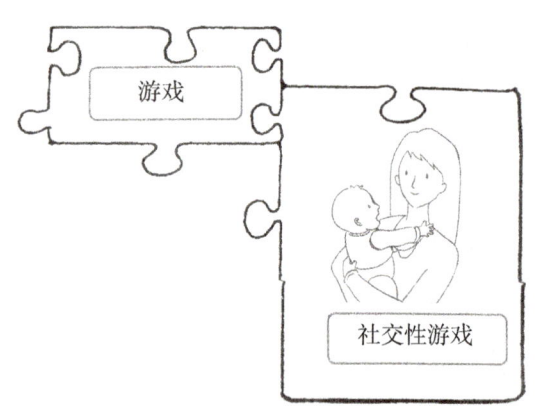

图 7-6 社交性游戏

2. 残疾孩子需要社交吗

当然。残疾孩子像其他任何孩子一样需要社交，但他可能需要更多的帮助和鼓励。如果给孩子社交的机会，那他就更有可能学习如何互动与建立人际关系。

3. 如何鼓励孩子进行社交

- 仔细观察孩子为了和你互动可能做出的任何努力，并对它们做出反应；
- 帮助孩子学习和其他孩子一起游戏，并有信心和他们一起玩；
- 给孩子创造与其他人认识和游戏的机会，包括大人和孩子。

七、假想性游戏

- 假想性游戏是孩子通过自己的想象力，用一些物品来代表和象征其他的物品，例如，把纸盒变成摩托车，把罐子和棍子变成锅和勺子；
- 假想性游戏是发展沟通能力最重要的游戏类型之一。

图 7-7　假想性游戏

1. 假想性游戏为什么重要

- 假想性游戏对思考和语言的发展是必不可少的，其实语言就是用单词这种符号来代表各种事物的；
- 发展想象力能拓宽孩子的非实践经验，并激发他的创造力；
- 它帮助孩子明白他所看到的周围情景的意思，并为自己日后生活中的情景做准备。

2. 残疾孩子需要假想吗

当然。残疾孩子像其他任何孩子一样需要学习假想，但他可能需要更多的帮助，需要鼓励他去那么做。如果我们给孩子假想和使用想象力的机会，那我们就能帮助他发展语言和思考能力。

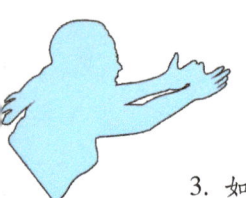

3. 如何鼓励孩子假想

● 在做家务活时，鼓励孩子观察，例如，当妈妈在做饭、扫地、洗碗时，对孩子说她正在做什么；

● 和孩子坐在一起，对他解释如何做假想性游戏，这样他才愿意去尝试自己做——告诉他，自己正在做什么；

● 在孩子尝试做假想性游戏时，帮助他并向他解释可以如何更进一步地发展该游戏。

八、解决问题和思考类游戏

解决问题和思考的游戏是孩子必须仔细思考并设法想出做某事的方法的游戏。

图7-8　解决问题和思考类游戏

1. 解决问题和思考类游戏为什么重要

● 解决问题发展思考能力，可以帮助孩子自己解决问题；

● 必须自己解决某事的挑战能增加孩子的信心和好奇心；

● 当孩子长大成人并且遇到必须要经过认真考虑才能做出决定的情况时，这种解决问题所需要的能力就显得必不可少了。

2. 残疾孩子需要解决问题吗

当然。残疾孩子像其他任何孩子一样需要解决问题，但他可能需要更多

的帮助和鼓励。如果我们给孩子机会去发展解决问题的能力,那我们就可以使他主动地去自己解决问题。

3. 如何鼓励孩子去解决问题

- 吸引孩子注意周围的东西和事情,使他变得有好奇心,并想要发现更多;
- 观察孩子对什么感兴趣,并教他如何进一步了解所感兴趣的事物;
- 给孩子做他能够成功的事情,以此来鼓励他不断尝试;
- 给孩子时间独自尝试事物,并解决自己的问题,成人不对其加以干涉。

九、不同类型的游戏对培养孩子沟通能力的作用

不同类型的游戏可以帮助孩子不同沟通能力的发育,如下表所示。

表7-1 不同类型的游戏与沟通能力发展之间的关系

阶段	探索性游戏	运动性游戏	操作性游戏	社交性游戏	假想性游戏	解决问题和思考类游戏
1.0～6个月	开始时用嘴、拍打和摇晃来探索物品,最后用手来研究。拿开脸上的布。把物品放在一起敲打。	仰卧时用力地踢。洗澡时用胳膊拍水。用双手双膝爬。	握住玩具,伸手拿并拾起小玩具。摸妈妈的脸拽头发等。	看和摸脸。喜欢互动和身体接触。躲猫猫。微笑和大笑。	以相同方式对待所有玩具,敲打、放进口中、感觉它们。把杯子放进嘴里。	发出声音来回应别人。用声音和动作吸引大人的注意。明白一个特定的动作会带来一个特定的结果。

续上表

阶段	探索性游戏	运动性游戏	操作性游戏	社交性游戏	假想性游戏	解决问题和思考类游戏
2. 6～12个月	放下和扔东西。当他看到玩具被藏起来时就寻找。把东西放进容器。	独立地站和走。伸手拿、抓住和玩东西。	从一只手向另一只手传递玩具。用棍子在另外一个玩具上敲打。用手指捏东西。	被要求时会把玩具给成人。非常愿意回应成人。渴望互动。会前后滚动球。	挥手"再见"。会把勺子和杯子联系在一起。	让成人给他拿东西。借助一个东西去拿另一个东西。寻找被藏起来的玩具。用绳子拉玩具,并看着它移动。
3. 12～18个月	跟着一个滚出视线之外的球。打开容器,查明里边有什么。	用绳子拉着玩具行走。不稳地跑。喜欢打闹。	用积木盖高楼。能自己用手吃饭。	模仿成人的动作和声音。和成人做轮流互动的游戏。开始和其他人增进友谊。	假装自己吃饭。模仿成人的活动,如洗衣服、做饭、扫地等。	把一个东西与一个类似的东西匹配。爬上椅子去拿东西。
4. 1岁半～3岁	有兴趣探索和查明他周围的每件事。知道自己家周围的路。	踢球和扔球时不会摔倒。跑得稳。开始在东西的上、下、里边爬。	取掉瓶子的螺旋盖。脱掉一些衣服。紧握住笔或棍子。	做游戏时能配合其他孩子。开始分享东西。	喜欢假装做饭。然后,进行一连串的假想性游戏,如做饭、喂娃娃吃、把娃娃放在床上等。	把东西分类。滚动球来击中目标。尝试修理坏的玩具。
5. 3～5岁	小心地拿易碎物品。做捉迷藏的游戏。参加比较大的孩子的活动。	双脚并在一起跳。抓住大球。爬得好。非常活跃。	能把鞋带穿过孔。能画画。可以扣和解衣服上的钮扣。成人握着其手时可以抓住笔。	开始很好地在集体游戏里玩,像捉迷藏和球类运动。开始做有简单规则的游戏,可以轮流等待。	喜欢看和谈论图片、听故事。富于想象力地画画。	把两个相同物品的图片匹配在一起。可以匹配形状和颜色。可以做简单的拼图游戏。

第7章 运用游戏培养孩子的沟通能力

对于残疾儿童，我们同样需要利用各种游戏对他们予以帮助，以培养他们的沟通能力。

第2节 如何利用游戏发展孩子的沟通能力

一、游戏有助于培养孩子的沟通能力

"做游戏"是指探索、运动、操作、社交、假想、处理问题和思考。这些活动都有提高孩子沟通能力的作用。

下列各图都是用以发展注意力的活动，请思考：在每个活动里使用了哪些类型的游戏？

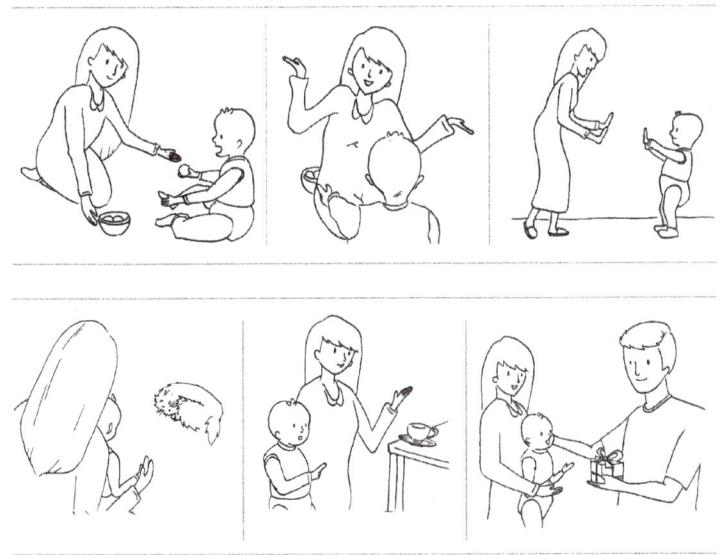

图7-9 游戏与沟通能力发展

分析上面的活动就可以知道，这些活动实际上包含了各个类型的游戏。

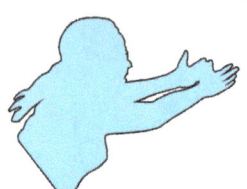

图 7-10 游戏类型与沟通能力的关联

二、游戏前的准备

让我们游戏吧!

我现在明白什么是游戏了,也知道了为什么使用游戏对我们的工作这么重要。但是……关于如何和孩子玩,你可以给我一些提示吗?

这是个非常好的问题。孩子能从游戏中学到多少,这取决于我们如何与他玩。和孩子游戏是一门艺术。以下的方法可以帮助你建立一些技巧。

当你在准备和孩子做游戏时,请思考下面的问题:
- 你准备做哪些活动,为什么?
- 你有需要的所有玩具吗?
- 游戏环境是否安静、放松,并且和孩子在一起时不会被打扰?
- 你有没有向孩子的家长解释你在做什么及为什么这样做?
- 你让家长参与和孩子的游戏活动吗?
- 在你和孩子游戏的这段时间里,你能避免不被打断吗?

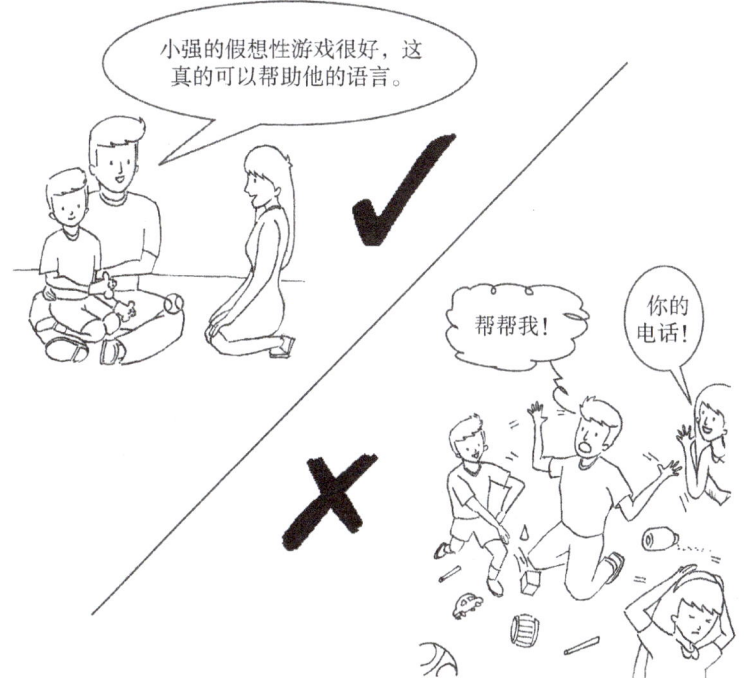

图 7-11 游戏前的准备

三、和孩子游戏的注意事项

现在，仔细思考如何和孩子玩。

（1）选择和孩子的发育水平相近的活动。如果他不能做一个活动，问你自己"为什么"，并相应地改变活动。

图 7-12 适当性原则

（2）方法要灵活。当孩子对某事感兴趣时，应跟随他的兴趣，你不能强迫他对你所选择的东西感兴趣。

图 7-13 灵活性原则

（3）当孩子尝试时，表扬并鼓励他。游戏不是孩子成功或失败的测试，表扬他所做出的任何努力是非常重要的。

图 7-14 鼓励性原则

（4）你和孩子在一起的时候要设法保持冷静并不被打扰。

图 7-15　专注性原则

（5）鼓励孩子参加各种各样的游戏活动，不要只做一种类型的游戏。

图 7-16　多样化原则

（6）在你和孩子游戏之前，确定他处于好的精神状态，坐姿是舒适的，应该处在可以自由地使用双手的姿势里。

图 7-17　舒造性原则

（7）通过你的面部表情和音调表现出你喜欢和孩子一起做游戏，对他在游戏中所做出的任何努力做出积极的反应。

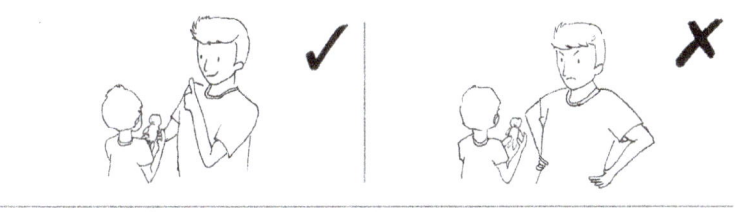

图 7-18　互动性原则

(8) 游戏的时间要短。当孩子开始失去兴趣时,转移到另外一个活动。

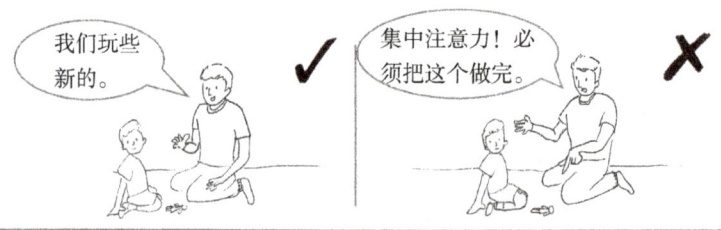

图 7-19　时间适中性原则

(9) 如果你与孩子进行的活动是重复的和循序渐进的,那么他就能发展自己的游戏能力。

图 7-20　重复和循序渐进原则

(10) 在介绍一个新的游戏活动时,首先要为孩子示范这个活动,当你认为他理解了之后,再让他自己尝试。

图 7-21　示范与启发原则

(11) 自己玩对孩子来说也是重要的,这是让他自己体验和发现事物的机会。

图 7-22　体验和发现原则

四、与残疾儿童一起做游戏的相关问题

在和孩子游戏时可能会遇到如下常见问题,这里给出一些相关的建议。

表7-2 常见问题与建议

问题	建议
扔东西 一些孩子扔掉给他们玩的东西。	首先得问自己为什么孩子要扔东西?根据你的回答来处理这个情况。 若孩子是为了引起注意而这么做,那你可以决定忽略他扔东西的行为。但是,在孩子游戏表现好的时候你应该给他注意。 在孩子扔东西之前,严肃地对他说"不行",并用你的面部表情和音调来表示你是认真的。 让孩子玩一个新的且他更感兴趣的游戏活动。
把东西放进嘴里 一些孩子把给他们玩的所有东西放进嘴中。	还是一样,问自己"为什么"孩子要把东西放进嘴里? 把东西放进嘴里可能是他探索东西的唯一方法,如果真是这样,你就需要向孩子解释,他可以怎么用其他的方法来探索。 帮助孩子更多地用手感觉东西,如敲打、放下和拿起东西。 让孩子感觉和玩他感兴趣的东西。使用那些不同质地、不同声音、颜色鲜艳的东西。 鼓励孩子转移到新的且能使他更感兴趣的游戏活动。
只玩某种东西 一些孩子喜欢只玩一种特别的玩具,很难说服他们玩别的东西。	允许孩子用他最喜欢的东西玩一会儿,但是要设法逐渐地介绍新活动。 向孩子解释他可以如何用不同方法来使用东西。 把新的东西和孩子喜爱的东西放在一起,然后帮助他使用。 通过你的互动让孩子感觉游戏是很有趣的。

续上表

问题	建议
不停地动来动去 一些孩子难以坐下来和集中精力于一个游戏、活动一段时间。	鼓励他坐下来玩,但不要强迫他。 开始时不和孩子一起玩,过一段时间后看他是否会过来加入你的游戏。 在参加这个活动之前,让孩子先坐下来。 只玩一小段时间。在孩子注意力分散时,让他起来活动一会儿,再回来进行下一个活动。 如果孩子有一段时间能坐下并集中精力于一个活动,那就表扬他,通过你的面部表情、音调对他表示你感到满意。
对玩具没有兴趣 一些孩子对玩具没有特别的兴趣。	使用最有可能吸引孩子的玩具,试试颜色鲜艳、有声音或看起来有趣的玩具。 如果孩子看人的脸但不看东西,就把东西靠近你的脸,鼓励他去看。 在你们游戏时,尝试使用欢快的面部表情和声音,并充满感情,这样孩子能对你们正在做的感兴趣。 使用有趣的玩具和欢快的游戏活动,更有可能使孩子产生兴趣。

如果你正在帮助做游戏有困难的孩子,希望这些建议可以帮助到你。需要记住的最重要的一点是,帮助孩子学习需要花时间,所以要耐心、坚持并表现出你的关心。

五、关于游戏需要记住的重点

游戏是"沟通房子"中不可缺少的一部分。通过游戏,孩子可以发展沟通所需要的能力。

有6种不同类型的游戏:探索性游戏、运动性游戏、操作性游戏、社交性游戏、假想性游戏及解决问题和思考的游戏。

每类游戏都是同样重要的。

所有的游戏类型都相互联系、彼此依赖。它们按照一定发展顺序一起发展。每个不同类型的游戏对孩子的发育都起着重要的作用。

在我们帮助孩子时,我们需要确保孩子体验各种不同类型的游戏。

大多数游戏活动包括许多不同的组成部分。

通过了解游戏发展的阶段,我们可以知道孩子的功能和水平,并帮助他从哪里发展他的能力。

游戏的发展需要花时间,在早期发展阶段被建立起来之前,不要催促孩子进入以后的阶段。

除了家长外,也应该向其他孩子解释如何和残疾孩子做游戏。

确保你给家长建议的游戏活动是在家中容易执行的。

孩子游戏能力的发展取决于我们和孩子游戏的技巧。

第3节 制作和使用玩具

一、游戏与玩具

关于游戏你已经谈了很多,但还没有提到玩具。它们在我们和孩子的工作中有多重要呢?

这是个好问题——有些人认为玩具是游戏中最重要的部分,孩子的玩具越多越好。这个想法是不对的。首先,游戏可以在没有玩具的情况下进行;其次,玩具本身不能帮助孩子,如何使用玩具才是最重要的。

关于玩具和游戏的更多想法:

孩子在玩玩具前,需要先和人互动,这两者都需要帮助孩子去做。

孩子和人或玩具的任何互动,都需要有某些基本的注意力。

有效地使用玩具需要我们各方面的技能。

为了发展游戏的不同类型,或促进不同的沟通技能,根据孩子的需要,我们可以用许多不同的方法来使用大多数玩具。

玩具不需要是昂贵的,通常,最好的玩具是我们自制的。

二、自己动手制作玩具

现在让我们看一些我们自己能制作和使用的玩具。

表7-3 自制玩具与沟通能力发展的关联

游戏类型		沟通能力
运动性游戏 操作性游戏		注意力 听力
运动性游戏 操作性游戏 探索性游戏 解决问题和思考类游戏		注意力
运动性游戏 操作性游戏 解决问题和思考类游戏		注意力 言语
操作性游戏 探索性游戏		注意力

续上表

游戏类型		沟通能力
运动性游戏 操作性游戏 探索性游戏 社交性游戏 解决问题和思考类游戏		注意力 听力 言语
运动性游戏 操作性游戏 解决问题的游戏 探索性游戏		注意力
运动性游戏 操作性游戏 解决问题和思考类游戏 探索性游戏		注意力 模仿 言语
运动性游戏 操作性游戏 解决问题和思考类游戏		注意力 理解能力

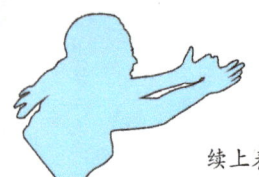

续上表

游戏类型		沟通能力
假想性游戏 社交性游戏		理解能力 言语
假想性游戏 社交性游戏		模仿 理解能力
运动性游戏 假想性游戏		言语
运动性游戏 操作性游戏 社交性游戏		模仿 轮流互动 言语

续上表

游戏类型		沟通能力
探索性游戏 操作性游戏 运动性游戏 解决问题和思考类游戏 社交性游戏	(看你能发现什么？ 一个球 球！)	注意力 言语 轮流互动
运动性游戏 假想性游戏		言语 模仿
运动性游戏		注意力
解决问题和思考类游戏 探索性游戏	(你听到的是哪个？ 听！ 这个。)	注意力 听力 轮流互动

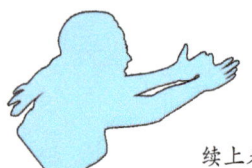

续上表

游戏类型		沟通能力
操作性游戏 运动性游戏 解决问题和思考类游戏 社交性游戏		注意力 言语 模仿能力 轮流互动 听力
运动性游戏 操作性游戏		注意力
操作性游戏 运动性游戏 解决问题和思考类游戏		注意力
操作性游戏 运动性游戏		注意力

续上表

游戏类型		沟通能力
探索性游戏 运动性游戏 操作性游戏		理解能力
操作性游戏 解决问题和思考类游戏		注意力 理解能力
操作性游戏 解决问题和思考类游戏		注意力
运动性游戏 社交性游戏		注意力 模仿能力

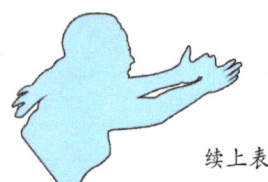

续上表

游戏类型		沟通能力
假想性游戏 社交性游戏 运动性游戏		言语 模仿能力
操作性游戏 运动性游戏 假想性游戏 社交性游戏		言语 模仿能力 注意力
操作性游戏 社交性游戏 解决问题和思考类游戏		注意力 言语 听力
操作性游戏 社交性游戏 解决问题和思考类游戏		注意力 听力 模仿能力 言语

三、在小组里制作玩具

几个有患病小孩的家庭一起构成一个小组,这样的小组可以一起制作玩具。下面是关于小组制作玩具的方法介绍。

表7-4 小组玩具制作的作用

什么是教给家长为他们的孩子制作低成本玩具最好的方法?	教给家长为他们的孩子制作低成本玩具的最好方法之一,是组织家长一起为他们的孩子制作玩具。
为什么这是最好的方法?	小组活动为家长提供见面、分享帮助孩子的方法和所需玩具的一个机会。也可以让家长使用他们在家里没有的材料来制作玩具。这是一个教给家长更多关于游戏和如何使用玩具的机会。
如何组织一个制作玩具的小组活动?	想想哪些孩子需要玩具,邀请他们的家长来参加玩具制作的活动。这个活动可以进行一天或两天以上。你可以自己决定。

以下是在组织家庭小组一起制作玩具时你需要考虑的事项:

- 你有合适的地方举办玩具制作小组吗?
- 你需要桌子和椅子吗?如果需要,你能找到吗?
- 你需要其他人帮助你举办小组活动吗?例如红十字会志愿者、孩子母亲;
- 你想要家长具体制作哪些玩具?
- 你确定自己知道如何制作玩具吗?
- 家长需要哪些材料来制作玩具?

四、关于玩具需要记住的重点

- 只要我们使用一点想象力,就可以把日常生活用具制作成具有教育性的玩具;
- 我们必须仔细考虑使用某个玩具的目的是什么;
- 我们在帮助孩子时,要使用家长在家里已有的,或是他们容易制作的玩具;

- 为家长组织制作玩具活动是我们工作的一个重要部分;
- 一些孩子需要我们的指导来学习如何使用玩具;
- 我们应该鼓励孩子重视他们的玩具,并用正确的方法使用玩具;
- 孩子有许多玩具,不一定就能受益——很好地使用少量玩具,比有许多不适合的玩具对孩子更有帮助;
- 我们和孩子在一起游戏的技巧能帮助孩子尽量地利用好玩具。

第8章　日常生活中的沟通能力与语言能力的培养

第5章第1节曾经提到，各种培养沟通能力的活动"只使用日常生活用品及日常生活情景"。可见，日常生活是培养儿童沟通能力的最佳场所。

本章讨论两个问题：一是如何在日常生活中尽量帮助儿童培养沟通能力；二是专门探讨如何在日常生活中帮助儿童培养语言能力。

第1节　日常生活中的沟通

【家长感言】

我从康复中心学习到如何教小培自己洗漱、穿衣、吃饭和上厕所。我的朋友经常鼓励我继续去康复中心，并遵循他们给我的建议。现在，小培可以自己吃饭、尝试自己穿衣服、上厕所。他能够说一些话，如果使用手势还能和别人沟通。我以前从来没有想过，我可以在日常生活中教小培做这么多的事。

因为我平时工作太忙，没有多余的时间来帮助我的残疾孩子。看到他没有任何的进步使我很担心，但是为了养家，我又不得不去工作赚钱。后来我去了康复中心，那里的工作人员教我如何使用日常生活活动来教小迪。之后，我开始利用给小迪洗澡和穿衣服的时间对他说话、教他沟通。最终，他取得了进步。

我开始去康复中心并参加了一个家长支持小组。我在那里学到了如何照顾莎莎，让她保持清洁，使她能更好地进食，以及如何与她交谈，让她熟悉我的声音。我告诉自己我必须要爱莎莎，并且照顾她。我开始让她保持清洁，给她穿漂亮的衣服，这样，别人会注意到她看起来有多可爱，而不会只是去注意她的残疾。现在，人们称赞她的衣服和她看起来的样子，这使我感到很高兴。

我学习到如何在给小凡洗澡、穿衣服、喂她吃饭和做家务的时候帮助她。当时我被告知小凡只是说话慢些，她最终是能学会说话的。从那以后，小凡就一直在平稳地进步,现在她几乎和其他同龄孩子一样了。她学习自己洗漱和穿衣服,她也说很多话。现在,当我听到她的声音时就想:哈!小凡,你现在真的比以前开心多了!

——小凡的爸爸

一、什么是日常生活情景

日常生活情景是家庭日程的一部分,是在家里发生的活动,主要包括洗澡、穿衣服、吃饭以及家务活动,比如做饭、打扫卫生、洗衣服和盘子。

二、孩子在日常生活情景中可以学习什么

我们可以使用日常生活情景教给孩子许多不同的技能,包括增强独立性、粗大运动技能、精细运动技能、认知技能、社交互动和沟通技能。见下图。

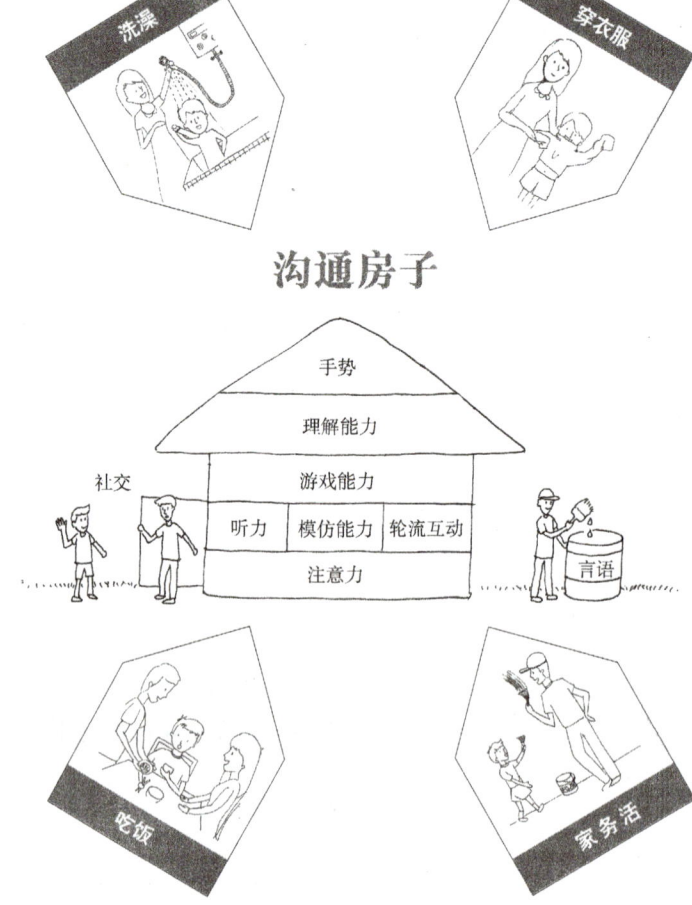

图8-1 "沟通房子"与日常生活

孩子能从日常生活情景中学到什么，这取决于他的能力和残疾情况。每个孩子都有自己个人的需要和潜能。因此，日常生活情景应该要能适应他们的那些需要和潜能。例如，一些孩子可能需要帮助其发展基本的沟通能力；另外一些孩子需要练习"沟通房子"的所有能力；还有一些孩子则可能已经在准备理解和使用单词了。

三、为什么日常生活情景对教学很重要

日常生活情景对教学很重要，因为它们：
- 在每天都发生很多次；
- 可以自然地互动；
- 鼓励孩子主动自理；
- 提高孩子的自尊；
- 为孩子上学和以后的独立生活做准备；
- 使用我们日常生活中需要的单词。

就像我们所说的，孩子在日常生活情景中可以学习许多不同的技能，但是在本部分里，我们要特别地了解他们可以怎样学习沟通能力。

如果能向父母说明如何使用日常生活情景作为教孩子的机会，这些情景对于建立"沟通房子"的技能就能成为无价的工具。

此外，日常生活情景显然还有以下好处：
- 有趣；
- 不需要额外的时间；
- 不需要特殊的设备和玩具；
- 所有家庭成员都可以参与。

四、在日常生活情景中学习沟通的重要原则

先让我们观察两位妈妈的不同表现：

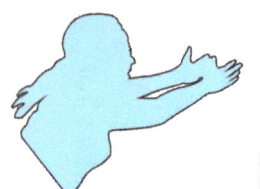

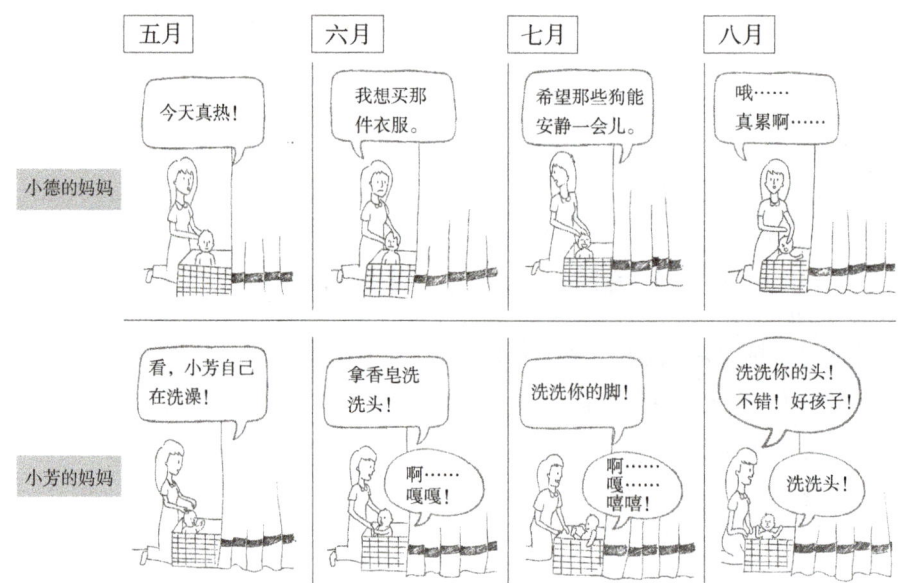

图 8-2　两种沟通方法

思考：这两位妈妈有什么不同？

小德的妈妈没有兴趣给孩子洗澡，也没有和孩子互动。从 5 月到 8 月的这段时间里，无论是小德的妈妈或是孩子的行为都没有改变。

小芳的妈妈有兴趣给孩子洗澡，并努力和孩子互动。作为努力的结果，小芳对沟通有更多的反应和兴趣。她的理解能力得到了改善，也开始参与洗澡。

从上图可以看出，小芳的妈妈通过使用自己的沟通技能，把日常生活情景转变成孩子可以发展沟通能力的机会。这是我们每个人都应该尝试做到的。

从小芳的妈妈身上我们可以学习到在日常生活情景中学习沟通的重要原则：

- 和孩子在一起时的情景，她投入全部的注意力；
- 和孩子说话之前，她通过叫孩子的名字和触摸孩子来集中孩子的注意力；
- 她使自己与孩子处在相同的水平位置；
- 她与孩子有良好的视线接触；
- 她告诉孩子她正在做什么；
- 她使用清楚、简单的语言；

- 她经常有联系地重复重要的单词；
- 她使用有趣的面部表情和声音；
- 她使孩子参与活动，并鼓励孩子自己尝试；
- 如果孩子尝试了，她会表扬孩子。

记住：重要的是你如何对孩子说话，而不是你对孩子说了多少话。

让我们也去试试这些重要原则吧。

五、在日常生活情景中培养儿童沟通能力的关键点

记住：

- 只要所有家庭成员都能以自然和轻松的方式沟通，日常生活情景就能成为有价值的时间；
- 是否可以把一个普通的日常生活情景变成有趣的和有价值的学习机会，关键在于我们怎样处理；
- 日常生活情景可以是很有趣的；
- 如果我们能很好地使用自己的沟通技能，我们就可以帮助孩子发展他的沟通能力；
- 帮助孩子尽可能多地自理，可以使他成为社会上有价值、被接纳的一员。

六、小结

- 日常生活情景是在家庭中每天有规律地出现的情景；
- 孩子在日常生活情景中可以学习许多不同的技能——沟通只是他可以从中发展的一个方面；
- 日常生活情景是学习沟通能力，包括学习单词的最佳情景；
- 它们是让沟通能在一个功能性环境下发生的自然情景；
- 根据每个孩子的需要和我们帮助孩子的目标，可以用不同的方法使用日常生活情景；
- 日常生活情景可以用来教沟通能力处于不同水平的孩子，例如，从基本沟通到理解和使用单词；
- 通过使用日常生活情景，家人可以通过每天的家务活动来教他们的残疾孩子；

- 对于没有太多空余时间和孩子游戏的家人，应该鼓励他们使用日常生活情景帮助他们的孩子学习；
- 日常生活情景对所有的孩子都是最有价值的学习机会。

第2节　儿童语言能力的培养

对正常人而言，人际交往、沟通的最重要工具是语言。在"沟通房子"中，语言的作用相当于该房子的外漆，遍布了"沟通房子"的每一个角落。因此，培养儿童语言能力对于儿童的成长具有极其重要的意义。

而儿童的语言能力主要是在日常生活情景中形成的。父母必须充分利用各种日常生活情景帮助残疾儿童发展语言能力。

一、单词学习基本知识

学习理解和使用语言是所有沟通能力中最困难的一种能力。因为它是如此的重要，因而我们现在就要仔细地来看看人们是怎样学习语言的。

日常生活情景是学习理解和使用单词的最佳时机，因为这是在自然的、有意义的情况下使用单词。另外，因为这些情景每天都在发生，并且一天之中不止出现一次，所以，经常地重复单词和情景能使孩子更加熟悉它们。我们每个人都是这样学习口头语言的。

就像我们在第1章里所说的，口头语言只是沟通的一部分。虽然不是所有沟通有困难的（残疾）孩子都能发展口头语言，但有一些孩子是可以发展的。日常生活情景为那些准备理解和使用单词的孩子提供了理想的学习机会。

1. 如何学习单词

大多数人能容易地学习使用单词，不会再三考虑，就像小时候学习使用单词的过程。为了帮助我们更好地理解正在学习说话的孩子，我们可以回想自己过去开始学习第二语言时的经历。

试试这个活动：

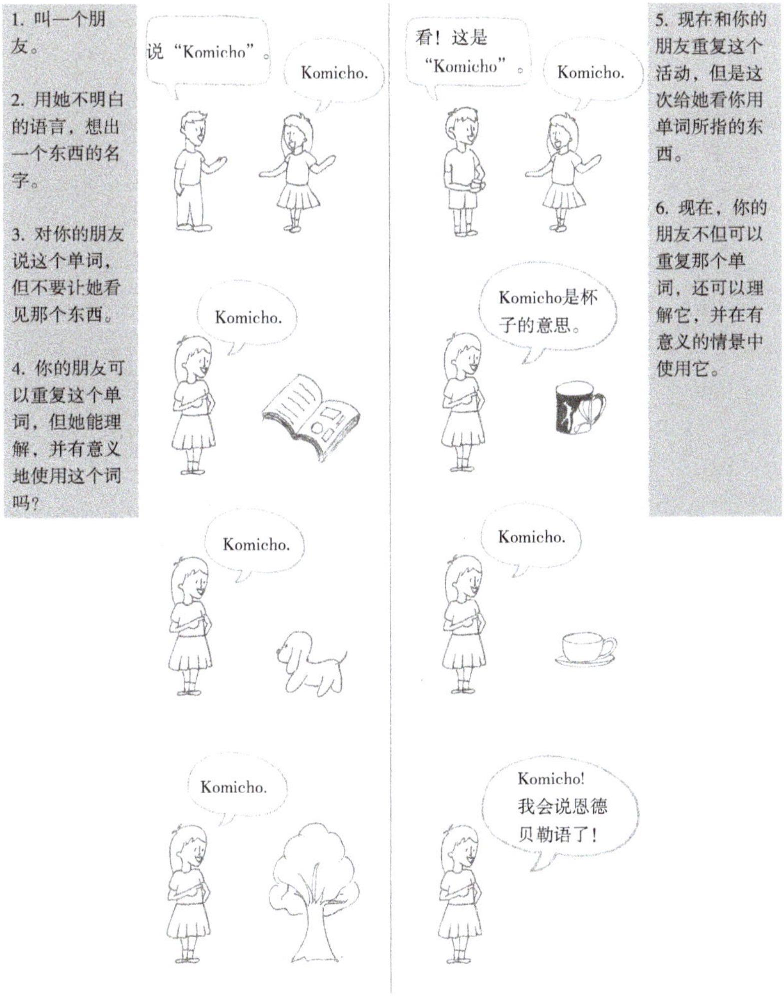

图8-3 学习单词

2. 什么是单词

单词是用于代表东西的符号。单词使我们能够谈论没有在场或看不见的东西。只要另一个人能理解一个声音的意思，就可以称那个声音为单词。

很多不同的单词可以用来代表茶杯、狗和面包。并且，这些只是在全世界用于茶杯、狗和面包的许多单词中的一部分而已。

图 8-4 单词

3. 学习单词的三个阶段

要真正地学习和理解单词，仅仅听别人说是不够的。单独地听一个词并不能帮助孩子明白那个单词的意思。必须把单词与东西或情景联系起来，这个单词才变得有意义和实用。

要使孩子真正能学习到单词，他必须：

- 听到这个单词；
- 看到它所代表的东西；
- 看到这个东西被使用；
- 握住这个东西；
- 使用这个东西；
- 感觉这个东西；
- 经常地体验这个情景/东西。

因此，学习单词包括如下三个阶段：

表8-1 学习单词的三个阶段

阶段	孩子	成人	重点！
1. 理解意思	听到单词在许多不同情景中被使用。 ● 把所听到的单词和它的意思联系起来。 ● 开始理解单词。	在许多不同情景中强调并使用这个单词。 ● 重复单词，并清楚地把它和它的意思联系起来。 ● 坚持使用同样的单词代表同样的事物。	孩子不需要说。 ● 让孩子积极地参与到情景中。 ● 耐心——这个阶段需要花时间。
2. 模仿成人	设法模仿他在情景中所听到的单词。 通过成人的反应，得到鼓励。 不断尝试。	给孩子时间尝试使用单词。 表扬孩子为说出单词所做的任何努力。 前后一致地持续使用单词。	对孩子耐心点，不要强迫他说。 不要说得太多。 在这个阶段给孩子大量时间——不要催促孩子进入第三阶段。
3. 有意义地使用单词	考虑自己想要表达什么意思。 记住这个单词以及它的意思。 记住如何说出这个单词。	保持相同的活动能给孩子时间思考并使用单词。 表扬和接受孩子在有意义的情景中，为使用单词所做出的努力。	不要太快进行新的活动，教授新的单词——孩子需要练习。 做一个好的榜样来让孩子跟随。

4. 真实的单词使用情景

对比图8-5中的两种情况，你就能看出帮助孩子在三个阶段取得进展，对孩子学习单词有多么重要。

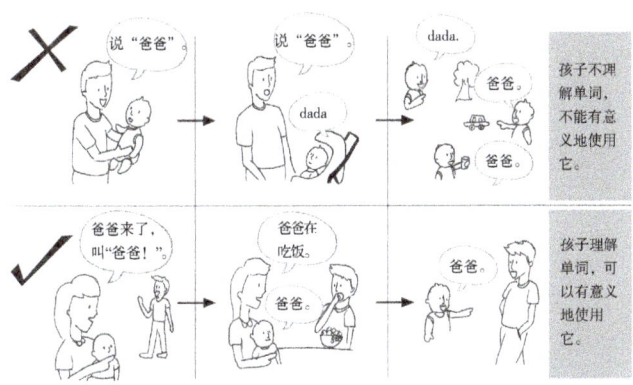

图8-5 学习单词的两种方法

5. 词性的理解

单词有不同的类型,儿童学习不同类型单词,是按照特定的顺序进行的。我们所使用的单词主要可以分为以下几类:

早期
- 人称词,如妈妈、爸爸、小玲、小明;
- 名词,如球、汽车、椅子、布娃娃、书;
- 社交词,如再见、你好、不、是。

后期
- 动词,如吃、睡、走、洗澡、煮饭、洗;
- 形容词,如热、冷、大、小、快、慢。

孩子在以后也需要学会其他一些词,如:我、他、你、去、哪里、里面、下面、旁边、上去、下来、他们。

6. 组词成句

孩子在学会理解和使用许多单个的单词之后,就需要学习如何把这些单词放到一起形成句子。开始时只把两个单词放到一起,然后是3个单词,以后再把许多的单词放到一起形成一个长句。

你知道在我们把单词放到一起形成句子时需要遵循一些规则吗?如果我说"书这本有趣的是",我就没有按照规则来说,对吧?在孩子学习把单词放到一起组句时,他可能需要我们帮助他来遵循规则。

指导孩子把单个的单词放到一起形成早期句子的规则有:
- 社交词+人称词

如——"再见,爸爸"、"是的,妈妈";
- 动词+人称词或东西

如——"洗洗娃娃"、"喂宝宝";
- 人称词,东西+动词

如——"爸爸走"、"娃娃睡觉";
- 形容词+人称词,东西,动词

如——"大锅"、"更多的牛奶"。

记住使用以上的规则来帮助孩子从单个单词进入双词句子。

另外,回想一下我们说过的孩子如何学习理解和使用单个的单词。孩子

学习如何把几个单词放到一起形成句子的方法也是完全相同的。他通过以下的方法来学习把单词放在一起形成句子:
- 通过听到成人在各种日常生活情景中使用双词句子;
- 通过把被使用的单词和相关的情景联系起来;
- 通过理解所使用的单词的意思;
- 设法在情景中模仿成人的双词句子;
- 通过自己记住在有意义的情景中如何说出双词句子。

记住:
- 表扬孩子所做的任何尝试;
- 经常在有意义的情景中重复片语;
- 经常使用孩子知道的单词,设法把相同的单词放到一起形成新片语;
- 在孩子开始把两个单词放在一起之后,他就能很快地学会造比较长的片语和句子了。

7. 学习单词指南

- 首先要确定孩子是否已经准备好学习单词的意识——他已经在使用手势了吗?他喜欢假想性游戏吗?他已经能使用一些有意义的声音了吗?
- 如果是,决定哪些单词对于孩子的学习是有帮助的——他对什么感兴趣?可以使用什么情景来教孩子?使用上面属于早期的那些单词教孩子,也就是人称词、名词和社交词,以后再教动词和形容词;
- 考虑如何教孩子单词——选择5～10个单词教孩子,回想前面学习单词所包括的三个阶段,思考使用什么情景来教孩子学习你所选择的每一个单词。

图8-6 在日常生活情景中学习单词

记住：
- 每次教他们时不要超过 10 个单词；
- 耐心点，在接着学习新的 10 个单词之前，要确定孩子已经熟悉了前 10 个单词；
- 虽然孩子的发音在开始时不会完全正确，但在他每次尝试开口时都要表扬他。

二、日常生活情景与单词学习

现在，我们要看一些更详细的日常生活情景，以及可以用来帮助建立"沟通房子"能力的活动。仔细地看每一幅图片，思考可以在各情景中培养哪些沟通能力。

1. 洗澡

图 8-7　在洗澡时学习单词

给孩子洗澡时可以教下面的单词：

人称词：爸爸、小刚等。

名词：盆子、水、香皂、毛巾、衣服、头、胳膊、腿、肚子、脸、头发等。

社交词：哗啦、看、呵、给我、再见。

动词：看、闻、倒、洗、擦、进去、出来、坐下、站起来、玩。

形容词：热、冷、干净、脏、快、慢、柔软、粗糙、滑。

2. 穿衣服

图 8-8　在穿衣服时学习单词

给孩子穿衣服时可以教这些单词:

人称词:妈妈、小强等。

名词:衬衫、短裤、裤子、鞋、袜子、帽子、扣子、鞋带、拉链、胳膊、腿、脚等。

社交词:哈、好孩子、看等。

动词:戴上、摘下、系上、束紧、穿上、脱下等。

形容词:聪明、新的、旧的、长的、短的、红色的、棕色的、绿色的、热的、凉的等。

3. 吃饭

图 8-9 在吃饭时学习单词

在吃饭时间可以教这些单词：

人称词：小洁、小明、妈妈、小强、爸爸等。

名词：粥、肉、蔬菜、汤、盘子、杯子、锅、橘子、香蕉、宝宝、娃娃、勺子、火等。

社交词：拍手、请、还要、给我、好孩子、再见、谢谢、不要了等。

动词：吃、煮、拿、给、擦干、拍、弄干净、放、搅拌、喂、取。

形容词：热、冷、饿、满、甜、渴、好香、好吃等。

4. 家务劳动

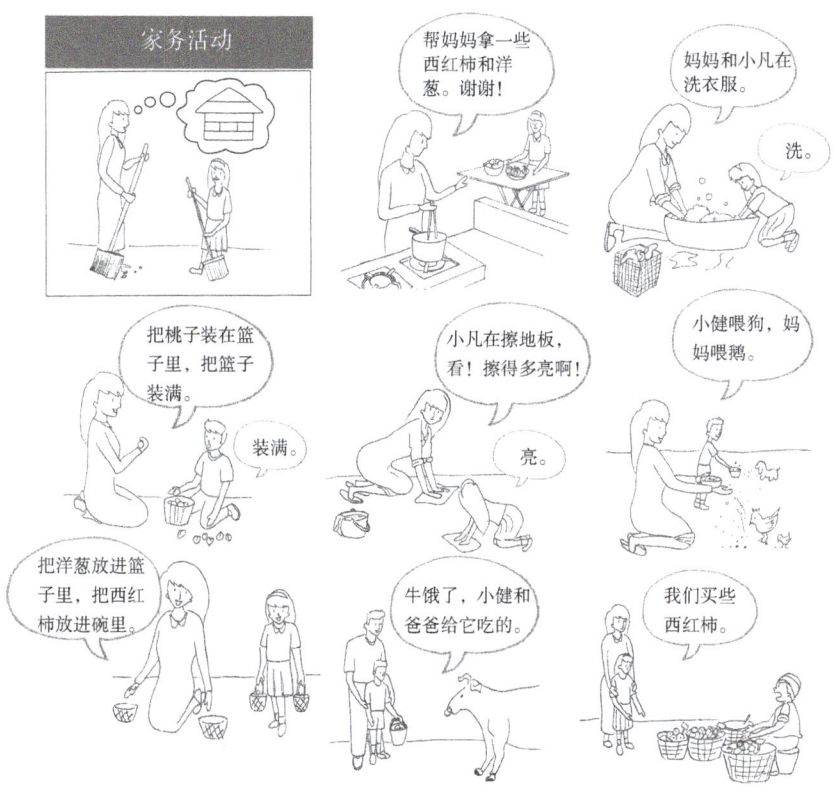

图8-10 在家务劳动中学习单词

在指导孩子做家务劳动时可以教这些单词：

人称词：妈妈、爸爸、小健、小凡等。

名词：番茄、盘子、洋葱、衬衫、短裤、狗、鸡、牛、上光剂、树丛等。

社交词：你好、再见、好孩子、做得好、谢谢、小心等。

动词：洗、给、喂、擦亮、擦洗、收集、买、选择、扫、发现、帮助等。

形容词：干净、脏、饿、满、亮、好看等。

三、关于学习单词需要记住的重点

- 单词是象征东西的符号；
- 使用不能理解的单词，对于沟通是没有意义的；
- 每次选择不要超过10个单词集中教给孩子；
- 孩子需要学习不同类型的单词；
- 注意你所选择的单词对孩子来说应是有用的；
- 尽可能多地想出可以教给孩子单词的情景；
- 记住学习单词包括了三个阶段；
- 积极地让孩子参与活动，清楚地向他解释单词的意思；
- 给孩子时间去听和思考你在说什么；
- 绝不要强迫孩子重复你说的单词；
- 只要孩子努力说出单词，即使他的发音在开始时可能不正确，你也应该表扬他；
- 一旦孩子开始使用一些新单词，就要在日常生活情景中继续使用这些单词，这样孩子就会牢牢地记住这些单词；
- 当孩子准备好学习新单词时，就选择5个新的单词教给他；
- 日常生活情景是学习单词的最佳时机。

第9章 家庭互助与学校教育

第1节 家庭互助

【家长感言】

对于每一个有残疾儿童的家庭来说，他们都会遇到各种各样的不幸与困难。下面是一些家长说的话：

过去，对我来说有个像婷婷这样的孩子是很不容易的，因为她不能像其他同龄孩子那样做相同的事。但是现在我知道，如果我看到其他像她这样的孩子，我可以给他们的家长一些建议。我现在定期去康复中心和残疾孩子的妈妈们一起交谈，我向她解释我是如何帮助婷婷的。当家长们像这样聚在一起时，没有人会害羞或因他们的孩子而感到丢脸，通常我们的问题都是一样的。我们在一起的时候可以分享解决问题的办法，还可以互相帮助。

我过去经常感到很灰心。因为星星做什么事都要花好长时间，他的动作太慢，而且很容易分心。所以，我觉得替他做事比他自己做要容易和快得多，而且其他的家长也是这样做的，但是康复师却劝我们不要替孩子做事情。她经常花几个小时和我们坐在一起，教我们如何帮助孩子自己梳洗和穿衣服。每当看到星星在掌握了新的知识或技能时露出的微笑，我很开心。小组活动帮助我继续他的计划，也鼓励了其他的家长。

我永远不会忘记第一次去康复中心的经历。因为我期待能得到一些可以使我的孩子说话的药物，所以，当康复师告诉我没有那样的药物时，我感到非常的失望。然而，他们邀请我参加了康复中心的一个小组会议。他们教我怎样和小梅一起做可以专门帮助她学习说话的游戏。我认为我应该试试这个建议，所以我向家人解释我所学到的，我们决定尝试帮助小梅。慢慢地，我们看到了一些进步，所以我持续不断地回到康复中心，向小组寻求更多的建议。

照顾莎莎不是件容易的事。虽然我辛苦照顾了她很多年，但是我对她的爱却越来越强烈。现在的情况是，诊所的工作人员把那些对自己的残疾孩子感到抬不起头，或不知如何照顾他们的妈妈们送到我这儿来寻求建议和支持。我相信妈妈们可以相互支持是件非常重要的事，因为一个妈妈通常会感觉自己非常孤独。我知道一些妈妈会很容易放弃，并对他们的孩子失去耐心。所以当一个妈妈来找我的时候，我会安慰她并告诉她说："你的问题也是我的问题。"

由康复师组织的家长小组对我们的帮助很大。我认为不应该把残疾孩子送进社会机构里去，应该帮助孩子的家庭在家照顾和关爱他们的孩子。对于残疾的孩子，家长应该表现出更多的爱。另外，因为孩子的改变可能会很慢，所以家长也应该要有耐心。他们应该不断地和孩子交谈，这样，孩子才能熟悉他们的声音。总之，残疾孩子的家长们应该互相分享方法，并且永远都不要失去希望。

那些有着相似苦难的家庭，可以联合起来组成互助小组，共同面对困难，这对孩子的成长极其有益。

一、与家庭互助小组相关的问题

1. 家庭互助小组

嗯，与其跟一个孩子和他的家长单独坐在一起，不如邀请一组有残疾孩子的家长，找个时间聚集在一个地方。通过和家长一起工作并分享方法，在小组活动里就可以个别帮助到每个孩子。

2. 家庭互助小组的好处

从孩子的角度来看，在更自然的情况下，与成人及其他孩子互动是比较好的。从家长的角度来看，知道自己不是唯一有残疾孩子的人，这一点是很重要的。另外，家庭互助小组也能提供家长互相支持、彼此学习和分享经验的机会。

第 9 章 家庭互助与学校教育

表 9-1 家庭互助小组的作用

作用	图示
能提供一个放松和自然的场所，使孩子们可以更自由地彼此互动。	
增加孩子各式各样的沟通机会。可以在小组的环境里个别观察孩子。	
鼓励家长在帮助孩子时扮演更积极的角色。	
为家长提供相聚并彼此支持的机会。	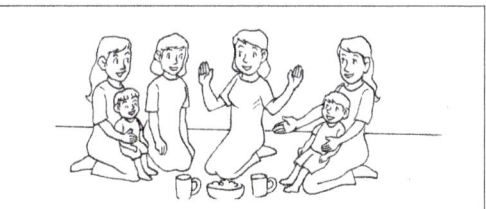
可以邀请其他能帮助孩子的人参加小组，例如学前班老师、特殊教育老师、相关的民间组织、其他康复工作者，等等。	

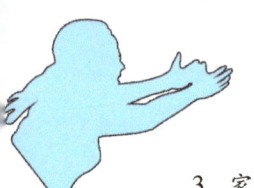

3. 家庭互助小组包括哪些人

家长和他们的残疾孩子——他们是最重要的人，还有策划小组活动的人及邀请来协助这个活动的人。

4. 在哪里举办小组活动

在社区的一个中心地带是比较理想的，这样，大多数的家长比较容易参与。同样重要的是，那个地方要有足够的水、为小组做饭的设施和休息的地方。

5. 如何组织和举行家庭互助小组活动

在举行家庭互助小组活动之前，需要考虑许多的事。本节内容就是要具体教你如何举行家庭互助小组活动。

二、如何举办家庭互助小组活动

1. 明确举办家庭互助小组活动的目标

家庭互助小组活动的目标是为了：
- 使残疾孩子的家长聚在一起分享方法和经验，并互相支持；
- 让残疾孩子聚集在轻松自然的环境里，可以观察他们自由地游戏和互动；
- 提供机会帮助家长了解他们的孩子的残疾情况，教他们如何在家里帮助孩子；
- 提供在日常生活活动，如洗澡、穿衣服和吃饭时观察和帮助孩子的机会；
- 为了帮助家长，聚集其他与孩子发展相关的人，例如教育和营养方面的顾问和成年的残疾人等。

2. 活动前要预先考虑的问题

组织家庭互助小组活动，需要考虑的因素很多。作为康复师或家长之一，你要得到多方的支持才行。例如如下问题：

我的同事支持我吗？他们赞成举办小组活动的想法吗？他们当中有人可

以协助小组活动吗？

我可以获得举行活动的资金吗？我有没有预算以下的费用：
- 食物和饮料；
- 住宿；
- 交通；
- 工作人员；
- 燃料；
- 材料。

哪种孩子可以参加小组活动？所有有相同残疾的孩子，如听力损伤还是可以让有不同残疾的孩子混合在一起？举行这次小组活动的目的是什么？

我应该多长时间举行一次？家长有足够的交通费吗？每周一次？每月一次？每3个月一次？

我可以找到什么样的地方，那里有足够的空间并且有可以过夜的房间吗？

谁可以来帮助我？如果是大型的团体活动，我能找到足够的工作人员吗？

举行每个小组活动需要多长时间？半天？一天？还是3天？

我可以邀请多少孩子？我有多少食物和房间？

小组活动长远的计划是什么？

无论是对我还是家长，一年中的哪些时间举行小组活动会比较好？例如寒暑假、公共假期、月末、雨季、旱季。

以上几点是你需要考虑的，我希望它能帮助你决定举行什么样的家长小组以及如何组织！

请等一等！你谈到的家长和孩子组织的小组活动听起来很好，但做起来似乎会很困难。

嗯，是的，是需要做一些组织工作，但是请相信我，举行小组活动所带来的益处是值得我们付出努力的。

3. 举办家庭互助小组活动前的一些切实可行的措施

（1）在你计划举行家长和孩子小组活动时，确保通知所有相关人员，特别是家长。

（2）和他们讨论你想要举行小组活动的日期。

（3）安排食物、午餐、茶点等，有必要的话，组织和写下需求。

（4）为家长、孩子和参观的工作人员安排住宿。

（5）安排必要的交通工具。

（6）计划一个时间表，把它写下来并存档。

（7）6周之前，以书面的方式邀请所有的来访演讲者（一周之前，用电话与他们确认）。

（8）如果需要工作人员，应做好必要的安排。

（9）在活动前2～3周写信给家长，提醒他们来参加小组活动。

（10）准备好所有的材料，例如用来制作玩具和教学的材料等。

（11）为小组活动制作一份时间表的海报。

（12）制作一份小组活动目标的海报。

（13）确保活动期间的工作能顺利进行，例如有足够的食物和被子等。

（14）从家长那里了解他们在下次的小组活动中想看到什么。

（15）通知下次小组活动的日期，注意在所有家长的卡片上写下日期。

（16）写信给来访的演讲者，感谢他们所做的贡献。

（17）给每个家长写一个他们孩子目标计划的总结。

（18）思考这次小组活动进行得如何，考虑任何下次可以改进的方面。

（19）写一份小组活动的报告，并把它送给相关人员。

（20）开始考虑和着手准备下一次的小组活动。

4. 举办家庭互助小组活动的要领

表9-2　家庭互助小组活动要领

做好准备！确定自己知道要教什么内容，为什么要教这个内容。把所有需要的材料都准备好放在身边。	教学的地方要舒适。布置好椅子或垫子的位置，使他们每个人都能看到你。注意，要让每个人都感觉到自己是小组的一部分。
在你开始教学之前，先清楚地向小组做介绍，告诉他们你要谈论什么及为什么要谈论这些内容。	把你的语言调整到家长能接受的水准，使用他们能理解的话。如果你使用专业词汇，就需要进行解释。

续上表

给每个家长回答或参与的机会。记住，那些沉默安静的人与那些坦率直言的人可以提供同样多的帮助。设法鼓励每个人参与。	在教学会议结尾时，要为小组成员留出时间就你所谈的内容向你提问。
在结束这个教学会议之前，和小组一起重温你需要他们记住的重点。	确保小组成员能够容易地理解小组活动期间使用的任何资料或手册。如果它们是书面的资料，小组成员能读懂吗？
尊重小组成员，平等地和他们交谈。	表现出你的活跃和热情来，这样家长可以看到你很高兴与他们讨论。
不要着急，慢慢地，清楚地进行解释，这样小组成员才可以理解。不要太仓促！	鼓励家长积极地参与。问他们问题，鼓励他们做角色扮演游戏等。
朝你希望的方向慢慢地引导讨论。在说话时仔细地使用措辞，这样你就可以帮助小组成员找到他们自己的答案。	表现出你很重视家长所做的每个贡献，即使它看起来或许很小或不合适。小组成员对自己能够做出贡献要有信心。

三、家庭互助小组活动案例

在后边的几页里，我们准备介绍两种不同类型的小组活动，它们被认为是能有效地帮助沟通困难的孩子及他们的家长的。我们的目的是让你感受举行小组活动的方法——你需要根据自己的情况来调整这个方法，并加上你自己的想法。

1. 每周举行一次、每3个月进行一次回顾总结的家庭互助小组活动

这是一个连续6周，一周举行一天的小组活动，跟进是每3个月一天的回顾。

基本情况：为各类有沟通困难的孩子举行。

- 最多可以有 10 个孩子参加；
- 在参加小组之前，每个孩子必须有一份完整的评估表和目标计划；
- 每周的时间表都要保持相同——

上午　8：00～8：30——家长和孩子到达

　　　8：30～10：00——个人回顾

　　　10：00～10：30——茶点

　　　10：30～12：30——家长教学会议

下午　12：30～1：30——午餐

　　　1：30～3：30——继续个人回顾

　　　3：30——家长和孩子离开

　　　3：30～5：30——工作人员写孩子记录，并进行教学评估

家长参与的教学会议，每周都包括一个沟通方面的不同困难。

表9-3　家庭互助小组活动计划

第一周

略述小组活动目标和6周的计划。开场歌曲。

一个曾经参加小组活动的家长和第一次来的家长分享经验。

详细解释造成孩子沟通问题的原因

（参考关于"孩子沟通困难的原因"）。

第二周

详细地解释并讨论沟通所需要的所有能力。

参考"沟通房子"示意图。

第三周

制作低成本的玩具，讨论游戏的重要性

（参考第7章第3节有关玩具的讨论）。

第四周

在日常生活情景中教语言，实践洗澡和穿衣服

（参考第8章"在日常生活中沟通能力与语言能力的培养"）。

续上表

第四周

参考和一个孩子说话时"能做的和不能做的"。
参考第8章第1节"在日常生活中学习沟通的重要原则"(把身体处于和孩子同一水平位置;和孩子说话之前,先引起他的注意;使用简单的和清晰的语言;在日常活动中和孩子说话;在孩子尝试时要表扬他,而不是批评他;在尝试与你沟通时,你对他做出回应)。

第五周

重温前5周的学习,并进行测验。
和家长重温个别的目标计划。
由过去参加过小组活动的一个家长分享经验。
家长评价本次小组活动。
通知每个孩子在3个月期间回顾的日期。

2. 每3个月举行一次,每次3天的小组活动

- 这是一个连续3天举行的小组活动,例如星期三、星期四和星期五,每3个月一次;
- 为有相同类型残疾孩子举行;
- 最多可以有15个孩子参加;
- 在参加小组活动之前,每个孩子必须有一份完整的评估表和目标计划;
- 至少在小组活动开始前6周制订3天活动的时间表,要留出时间来做必要的准备。

以下是一个3天小组活动的一般流程计划。

表9-4 3天期家庭互助小组活动流程安排

星期三	星期四	星期五
介绍和欢迎	实践日常生活情景	实践日常生活情景
活动简介	制作玩具 个人回顾	个人回顾
茶点		
小组目标	个人回顾	教学会议
教学会议	来访演讲者	
午餐		

续上表

星期三	星期四	星期五
来访演讲者，例如特殊教育学校老师、学前班老师、家长和成年的残疾人	教学会议	家长评价
		下次小组活动日期

3. 为听力损伤孩子举行的3天小组活动的流程计划建议

表9-3　3天期小组活动流程计划

星期三	星期四	星期五
介绍和欢迎：活动简介——制作一个3天计划的海报，和家长一起来看。简介每个教学部分的内容。	实践洗澡和穿衣服：邀请家长制作低成本玩具。与每个家长和孩子单独谈话，让他们做个人回顾。	进一步讨论使用言语和手势的重要性。回顾成年聋人所教的手势，在实际情景中实践。继续个人回顾。
茶点		
小组的目标——为你的目标写一个海报，并向小组成员解释。	继续个人回顾	邀请一个来自当地特殊教育部门的代表，和家长讨论适应听力障碍孩子的学校设施。
清楚地解释造成听力障碍的原因，回答家长的问题	邀请当地的聋人向家长介绍自己的情况。介绍使用手势沟通的方法。	小组回顾每个孩子的目标计划——家长向小组回馈他们孩子的目标计划。
午餐		

续上表

星期三	星期四	星期五
邀请一个有听力障碍孩子的家长（你认识的），介绍他的孩子已有的良好的进步，以鼓励家长们分享经验和办法。	讨论一个孩子的沟通能力可以像建筑房子一样被建立起来——参见"沟通房子"。	问家长认为本次活动流程中哪些部分是有帮助的，哪些部分是没有帮助的，在以后的小组活动中他们想看到什么内容。 通知家长下次小组活动的日期。

四、小组活动报告的撰写

在每次小组活动之后写一份报告是很重要的。报告应该包括你的费用清单及活动记录。以下是报告一般应该包括的内容。

- 小组活动的名称和日期；
- 活动地点；
- 费用；
- 住宿安排；
- 伙食安排；
- 出席的工作人员；
- 来访的工作人员；
- 孩子的总数；
- 小组活动目标；
- 流程计划安排；
- 参加孩子的登记；
- 家长的评价；
- 工作人员的评价；
- 出现的问题；
- 对下次小组活动的建议；
- 报告的日期及签名。

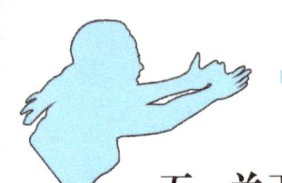

五、关于家长参与小组活动时需要记住的要点

- 让家长和孩子参加小组活动是帮助残疾孩子的一种有效方法；
- 我们需要和家长合作，并鼓励他们积极地帮助他们的孩子，因为他们是孩子最重要的人；
- 举行小组活动需要思考和组织；
- 让家长参与小组活动有许多好处，个人的工作和经验可以被汇总和共享；
- 通常，家长自己是给其他家长提供支持的最适合的人，小组活动能为此提供理想的机会；
- 为家长组织小组活动有不同的方法；
- 可以为不同类型残疾孩子或有相同类型残疾孩子举行小组活动；
- 为了计划将来的小组活动，我们需要做好每次活动的记录、后续的计划和孩子的跟进——应该使用家长的评价来帮助计划将来的小组活动；
- 我们必须设法理解残疾孩子家庭可能面对的困难，对那些在帮助他们的孩子上感到很吃力的家长，不要给予批评或失去耐心；
- 使用当地资源帮助你为家长举行小组活动。

第 2 节　听力损伤儿童与基础教育

我的孩子听力有障碍，他可以上幼儿园或小学吗？

这是一个好问题！设法为孩子安排幼儿园或小学是我们帮助残疾孩子中一个自然的阶段。理论上，每个残疾孩子都能在教育方面有一定程度的获益。问题在于如何让你的孩子从教育中获得最大的益处。正因为这样，你需要与教育工作者紧密合作。

那么，与教育工作者——幼儿园或小学老师合作的目的是什么？应该怎样与他们合作？

说到目的，我们的目的主要是提高对残疾孩子综合需要的意识；分享我们工作的情况，以及在和残疾孩子相处时我们所扮演的角色；对教育工作者的工作和角色有一个更好的理解；一同合作，为孩子在幼儿园或学校里安排一个适合的位置，为他提供教育机会来配合他的需要；与老师合作，分享如

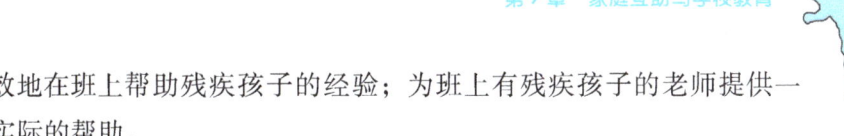

何能最有效地在班上帮助残疾孩子的经验；为班上有残疾孩子的老师提供一些支持和实际的帮助。

而具体该如何合作，则取决于具体的情形。在本部分中我们将分别从幼儿园和小学两个阶段予以讨论。

一、听力损伤儿童上幼儿园

1. 要了解幼儿园的情况

我国没有政府设立的专门接收残疾儿童的幼儿园。因此，残疾孩子上幼儿园时，他也像所有其他的孩子一样，参加班上每天的日常活动。此外，通常，幼儿园里没有额外的工作人员来帮助管理残疾孩子。

每个幼儿园在由谁管理、收费、所提供的设施、他们是否愿意接收残疾孩子和/或他们的能力都是各不相同的。一些幼儿园有受过训练的老师，而一些却没有。因此，要设法与你所在地区的幼儿园建立良好的关系，并了解他们是否愿意和/或有能力接收残疾孩子，这一点很重要。

2. 明确送孩子上幼儿园的目的

为孩子提供一个学习新技能（包括社交技能、日常生活技能、阅读技能、预备书写技能）的机会。

为随时能上小学而做好准备。

康复工作者和老师都理解彼此在帮助残疾孩子这一任务上的重要性。尝试想一些方法来使幼儿园和学校的老师也加入到你的工作中，这样你们就能彼此协助了。

3. 哪些孩子适合上幼儿园

不是每个残疾孩子都适合上幼儿园的，虽然大多数孩子都可以受益于上幼儿园。在送残疾孩子上小学之前，他们中的大多数确实很需要有上过幼儿园的经验。因此，对于以后可能要上小学的孩子，先上幼儿园是一个重要的预备。

在我们考虑哪些残疾孩子适合上小学时，最重要的是考虑他们的需要和他们能做什么，而不是他们的年龄。也就是说，我们可能会看到一个7岁的孩子上幼儿园。根据他的年龄，他应该可以上小学了，但是根据他的发育情况，他还需要先上幼儿园。

小强可以自己做每一件事，但他说话不怎么好。我可以送他去幼儿园吗？

可以。上幼儿园能真正地帮助到小强——甚至可能改善他的说话，送他去吧！

我不打算送小兵去幼儿园。我要等他到了上小学的年龄，再送他去读书。

请记住——上幼儿园是为孩子上小学做准备。能给孩子信心，帮助孩子在以后上小学时更容易适应。

我的孙女不能自己做任何事。她不会说话，也不能明白别人的话。我还应该送她上幼儿园吗？

如果你的孙女需要很多特别的关心和帮助，那她在幼儿园里可能会非常困难，老师也可能无法照顾到她。如果是这种情况，那么在当地康复师的协助之下，你在家里帮助孩子会比较好。

小青现在7岁，正准备上幼儿园。但他是不是太大了？

不大——小青还是可以上幼儿园的。他的发育水平比他的年龄重要。继续往下读，看看孩子在上幼儿园之前需要具备什么能力。

在考虑让一个孩子上幼儿园之前，他必须能够：
- 自己吃饭；
- 自己上厕所；
- 只需少量的协助，可以自己穿脱衣服；
- 自己洗澡；
- 在一段合理的时间内，能够坐下并集中精力于一项活动；
- 和其他孩子可以很好地游戏并互动；
- 用一些方法表达他的需要；
- 理解简单的指令。

在我们考虑送一个孩子上幼儿园之前，我们要帮助他做所有的这些事情，这是很重要的。如果他自己做不了这些事情，或许老师也不能给他所需的额外帮助，这样，孩子周围的每一个人都会感到难过——孩子、家长、老师等。所以，记住——在送孩子上幼儿园之前，要让他完全地准备好——要教会孩

子自理的技能，要培养孩子集中注意力、学会游戏和沟通。

4. 发展幼儿园技能

什么是幼儿园技能？幼儿园技能包括注意力、观察能力、记忆力、配对和分类能力、使用铅笔和手眼协调能力。

我们为什么要了解这些技能？因为只有这样我们才能预备孩子上幼儿园，并评估他们是否已经准备好上幼儿园。

谁可以教孩子这些技能？可以由家长、康复工作者、老师和任何有兴趣帮助孩子的人来教。

如何帮助孩子发展幼儿园技能？通过让他们做某些活动——那些能专门帮助他们发展各种幼儿园技能的活动。

5. 通过活动发展幼儿园技能

很多活动都可以帮助幼儿发展注意力、观察能力、记忆力、配对和分类能力、使用铅笔和手眼协调能力等幼儿园技能。可以找一个安静的地方，和孩子坐下来一起尝试这些活动。前面第5章谈到过很多可以培养孩子沟通能力的活动，这里再补充一些适合幼儿的活动。

- 帮助发展注意力的活动

图9-1　发展注意力的活动

- 帮助发展观察能力的活动

仔细观察下面的图片，找找漏掉了什么，画出漏掉的部分。

图 9-2　发展观察力的活动

- 帮助发展技术能力的活动

仔细看这张图片，谈论它，注意里面所有不同的事物。

图 9-3　发展描述能力的活动

- 帮助发展记忆能力的活动

图 9-4　发展记忆力的活动

- 帮助发展配对能力的活动

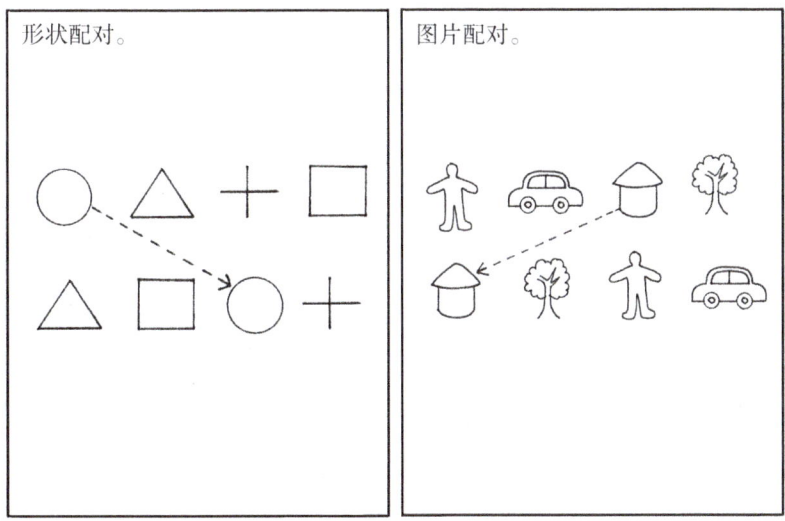

图 9-5 发展配对能力的活动

- 帮助发展分类能力的活动

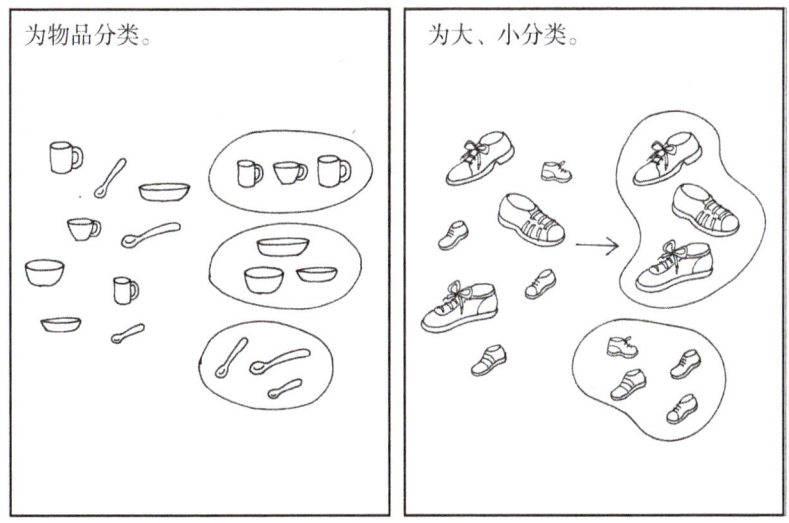

图 9-6 发展分类能力的活动

- 帮助发展用铅笔技能的活动

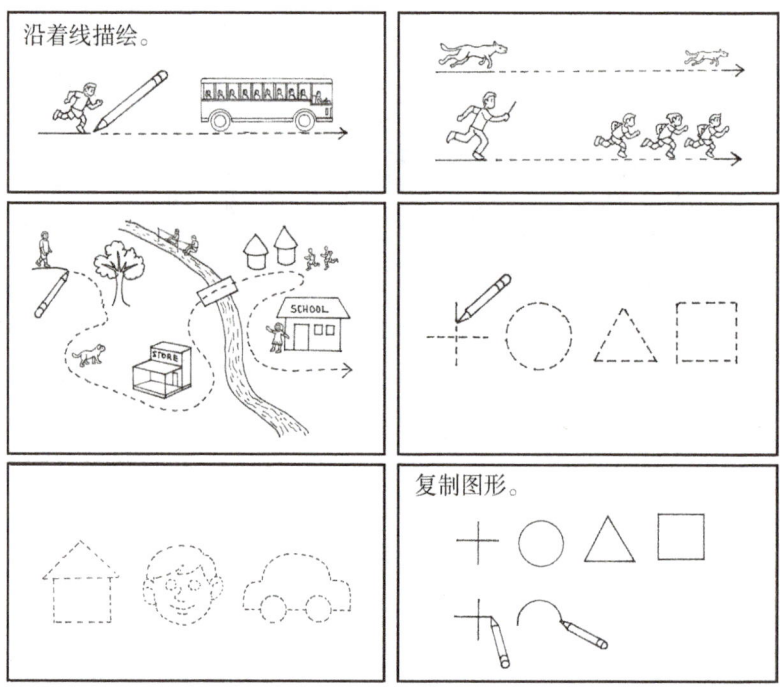

图9-7 发展动作能力的活动

- 帮助发展手眼协调能力的活动

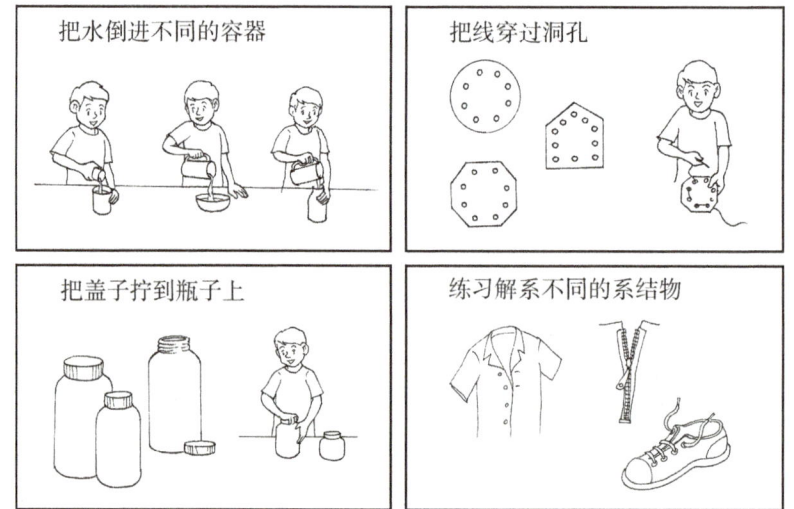

图9-6 发展手眼协调能力的活动

6. 给幼儿园老师的建议

幼儿园老师应该如何关照残疾儿童呢？下面是一些建议。

表9-5 给幼儿园的建议

可以做的	不可以做的
要创造一个安静的气氛，在孩子的学习小组里没有分心的事物，老师可以走动，轻声地对每个小组说话。 让残疾孩子坐在你桌子的附近，这样你可以看到他的进展情况。	在一个大的团体里，要尽量避免让所有孩子进行一个相同的活动，学生通过大声喧闹来引起老师的注意，老师只有大声喊叫学生才可以听到。
如果可能，给残疾孩子安排一名助手，这样他不会太落后。	尽量避免自己一个人应付一大帮孩子，并且其中有需要特别帮助的残疾孩子。
听着！	所有人围成一个圈……我再说一次，所有人围坐成一个圈！

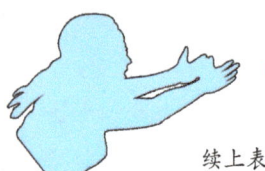

续上表

可以做的	不可以做的
慢慢地、清楚地说，设法使你的指令简单而直接，在必要的时候使用手势。"首先，拿出你们的书。"	避免给太长和复杂的指令，也不要说得太快。"快点！我们想要书！把它们拿出来！你们必须画个圆圈，再画一个方形……"
耐心点！给残疾孩子时间来反应和完成困难的活动。"不用着急，你有充足的时间。"	在孩子不能很快地反应或完成一个活动时，不要催促他或失去耐性。"什么！还没做完！快点嘛！"
残疾孩子在做一件有困难的活动时，可以给他指导。帮助他尝试着自己做。"试试把那块放那儿！"	不要替孩子做。"我给你做。"

第9章 家庭互助与学校教育

续上表

可以做的	不可以做的
尽可能地像对待其他孩子那样对待残疾孩子。  （老师："你们太淘气了，必须全部留下来做卫生！"）	你不允许其他孩子有的行为，也不要让残疾孩子例外。不要过分特殊地对待他。  （老师："你们很淘气，除了小凡以外，其他人必须都留下来整理东西！"）
设法与残疾孩子的家长联系，了解更多有关孩子的情况，持续告知他们孩子的进展。教他们怎样在家里帮助孩子。  （老师："很高兴又见到你们！小凡最近很好。"）	在你帮助一个残疾孩子时，不要忽略了家长。他们是最重要的人。  （老师："我没有时间操心那些家长。"）

7. 要给幼儿园老师专门写一份报告，说明残疾幼儿的情况

一个幼儿园老师要求我给他写一份关于小康的报告。小康是听力损伤儿童，他的妈妈和我想让他上幼儿园。我应该在报告里写些什么才会对幼儿园有所帮助呢？你可以给我一些建议吗？

可以。以下是一份你需要在报告中包括的内容标题。基本上，幼儿园老师需要知道小康能做什么，他的困难是什么。我希望下面的报告大纲可以对你撰写报告有所帮助。

表9-7 给幼儿园的报告提纲

给幼儿园的报告（提纲）
孩子姓名：　　　　　　　　　　　　　　　出生日期： 住址：　　　　　　　　　　　　　　　　　　年龄： 残疾说明： 能力摘要： ● 听力和视力—— ● 运动能力—— ● 自理能力—— 　　吃饭；脱衣服；穿衣服；洗澡；上厕所 ● 社交能力——和其他孩子互动；和成人互动 ● 行为能力—— ● 沟通能力——注意力和听力；理解能力；表达能力 ● 其他困难： ● 总结/建议： 签名：　　　　　　　　　　　　　　　　　报告日期：

二、听力损伤儿童上小学

1. 要了解哪些学校可以接受残疾儿童上学

了解特殊教育学校的情况，按规定程序办理入学。

2. 发展学校技能

什么是学校技能？一旦一个孩子已经发展了幼儿园技能，他就可以准备学习一些比较难的技能。它们是在学校的最初几年里所教授的技能。因此，我们称它们为学校技能。

我们为什么要了解这些技能？因为只有在了解了这些技能之后，我们才能帮助在这方面发展有困难的孩子。

谁可以教孩子这些技能？任何有兴趣帮助孩子的人都可以——家长、康复工作者、老师等。

如何帮助孩子发展学校技能？有一些活动可以专门用来帮助孩子发展这些技能。

和孩子在一个安静的地方坐下来，让他可以集中精力尝试这些活动。在开始进行学校活动之前，我们必须要确定孩子是否已经掌握了所有的幼儿园技能和活动。

3. 培养儿童学校技能的活动

● 帮助发展观察能力的活动

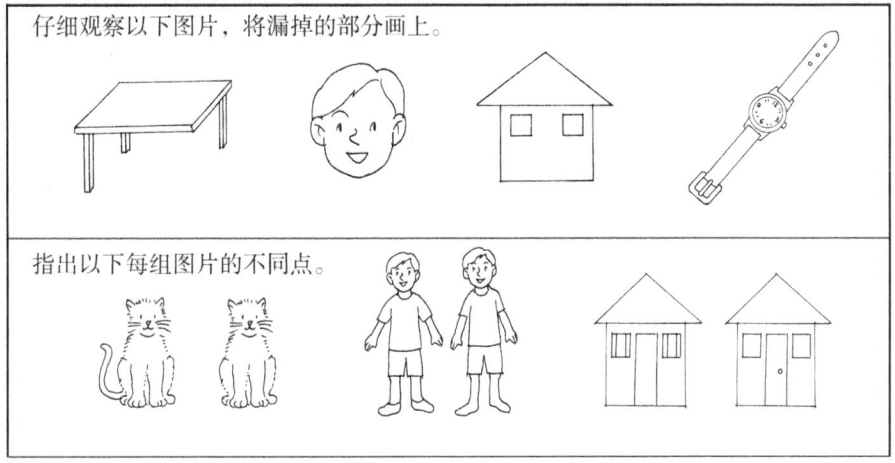

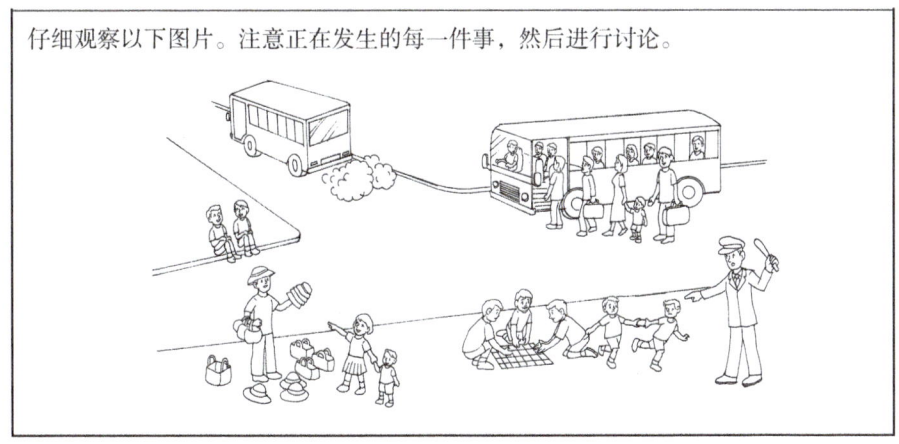

图9-9 发展观察能力的活动

● 帮助发展记忆力的活动

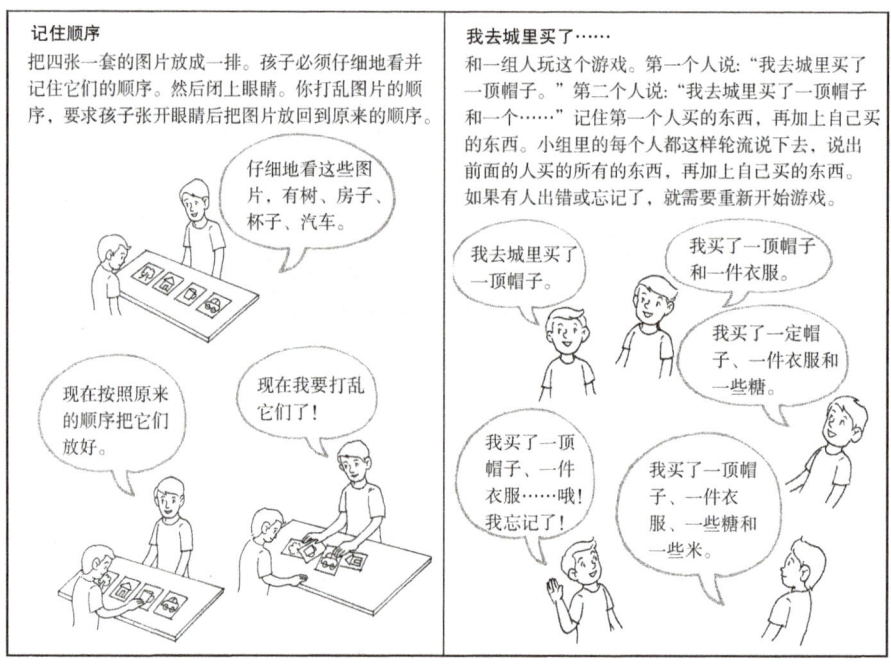

图 7-10 发展记忆力的活动

● 帮助发展配对能力的活动

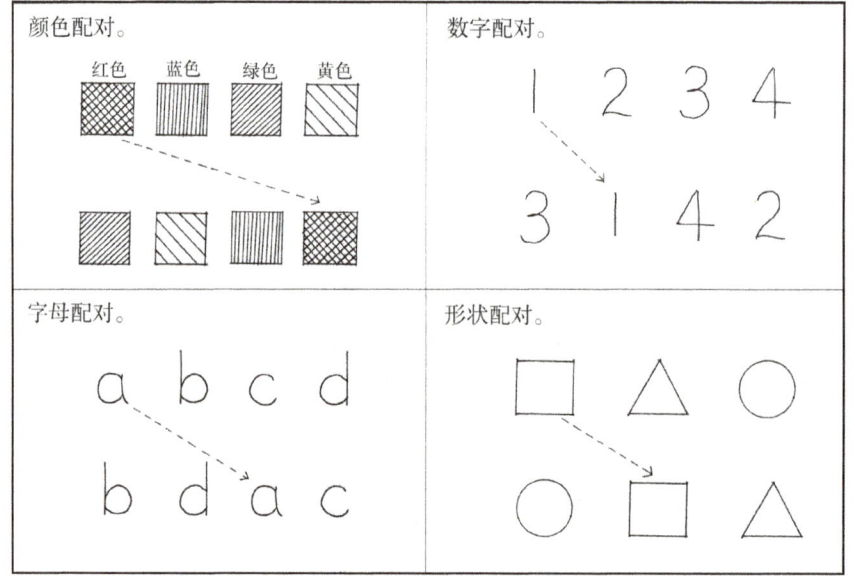

图 9-11 发展配对能力的活动

第9章 家庭互助与学校教育

● 帮助发展分类能力的活动

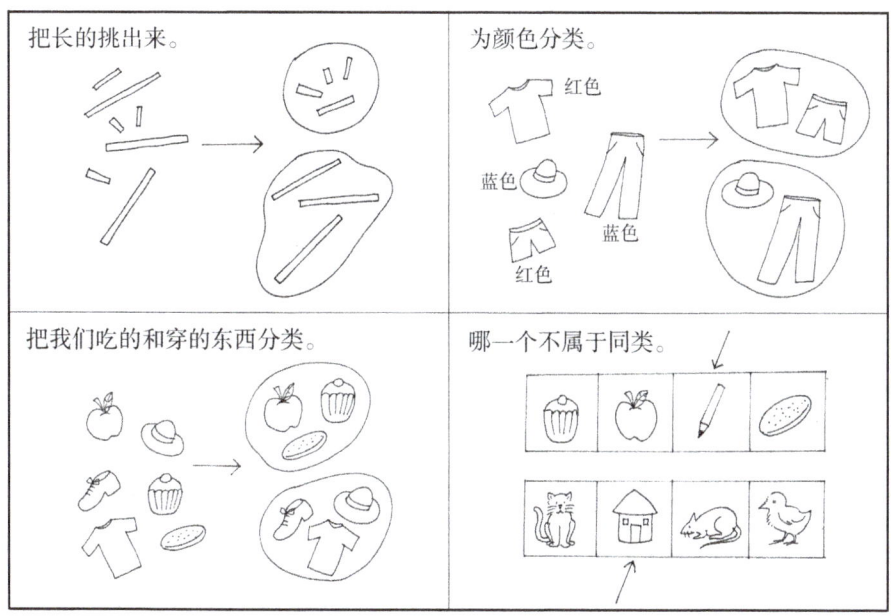

图9-12 发展分类能力的活动

● 帮助发展排序能力的活动

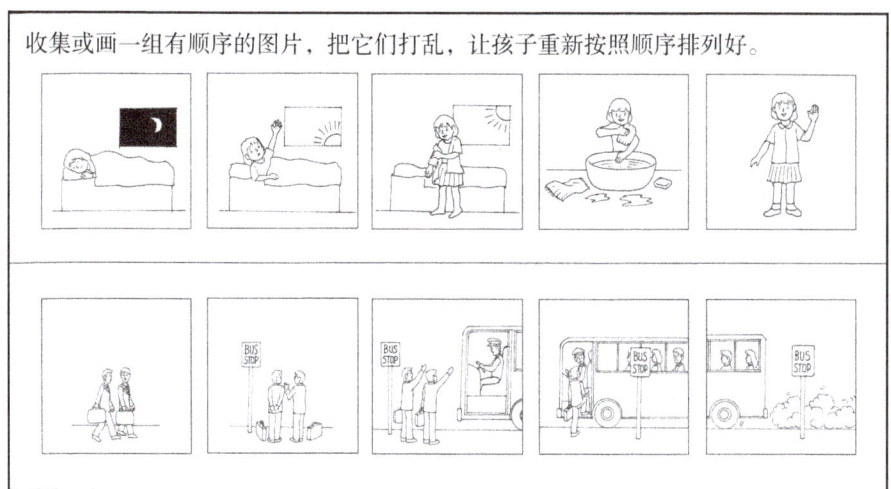

图9-13 发展排序能力的活动

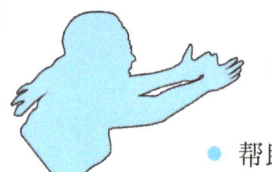

- 帮助发展计算能力的活动

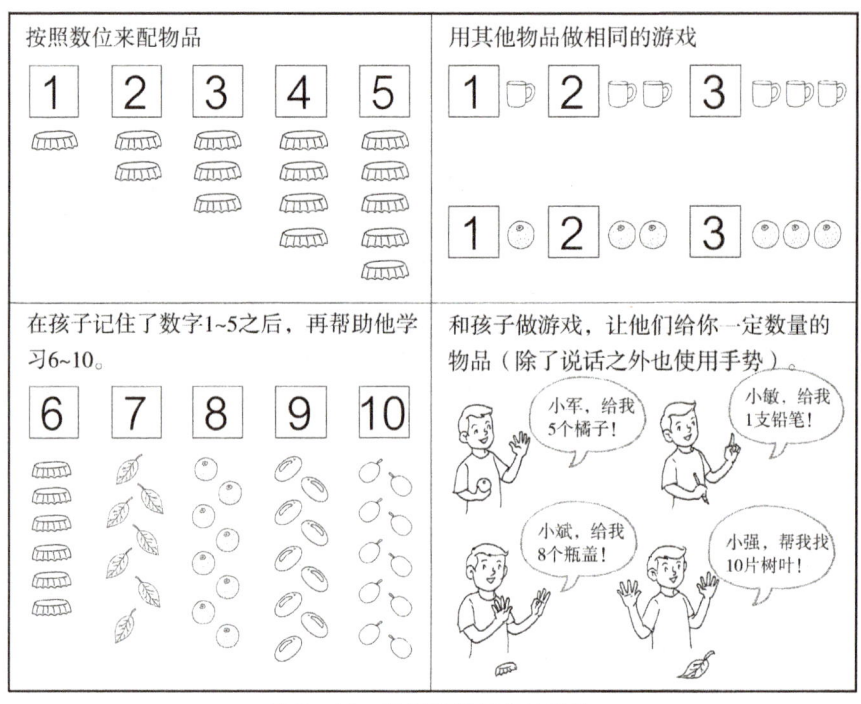

图9-14 发展计算能力的活动

- 帮助发展阅读和书写能力的活动

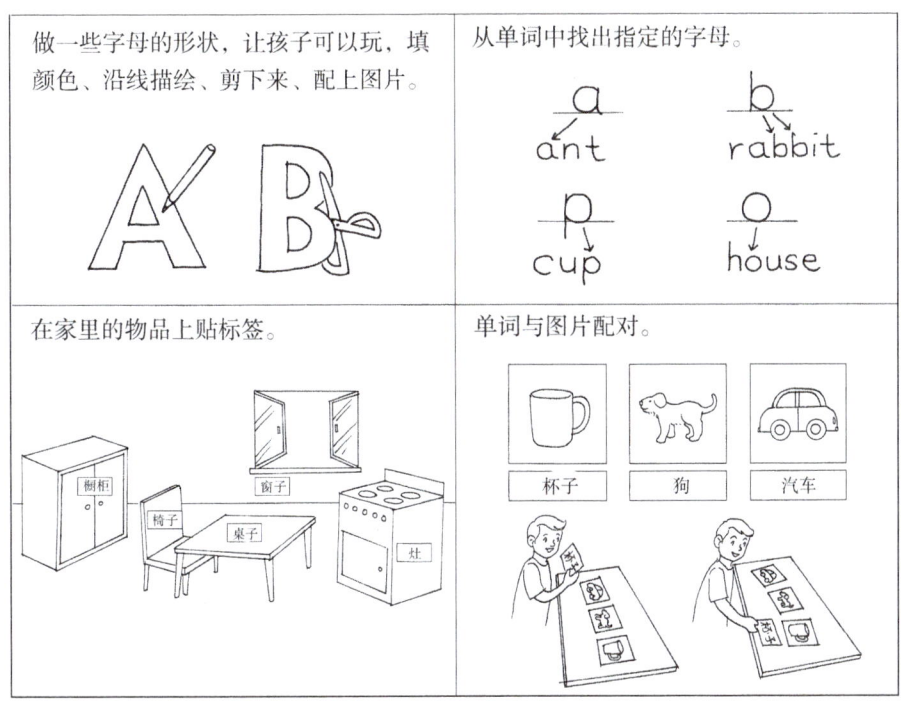

图 9-15 发展阅读和书写能力的活动

太好了，我现在就去试试这些活动。

等一下，还记得我以前说过，我们在帮助孩子学习新技能之前，还需要考虑几件事。我们不能简单地让他坐下，给他一个活动，然后让他一个人在那儿玩。

喔，对不起，是的，我现在想起来了：

- 我们需要确定我们自己有良好的沟通能力；
- 我们需要制造一个安静的环境来帮助孩子集中精力学习；
- 我们需要尽量确保残疾孩子在班上感到自在，并且被其他同学所接纳；
- 如果我们能对孩子的需求敏感些，就能使他更乐于学习。

4. 给学校老师的建议

学校老师应该如何关照残疾儿童呢？下面是一些建议。

表9-8 给学校的建议

可以做的	不可以做的
让孩子坐在可以清楚地看到和听到你说话的位置，并且你也能较容易地看到他的进展情况。	不要让孩子坐在看不清也听不清你说话的位置。同时也要注意，不要让他坐得离你太近，那会使他感到难堪。
在你对全班学生说话之前，先引起他们的注意。特别是残疾孩子，注意他能否听到并明白你所说的话。要不断地察看他能否明白。 请注意！	在没有确定孩子在注意或听的情况下，不要给他们指示。 翻到第2页……嘿！你们怎么都不听呢！
残疾孩子在做困难的活动时，可以给他指导。在他遇到问题的时候要帮助他。 试试在这里画一个圈。	在你看到孩子遇到困难时，不要不理会他，但也不要替他做。 让我来做吧！

续上表

可以做的	不可以做的
孩子花很长时间做事或说话时，要对他有耐性。 （慢慢来，不着急。）	在孩子不能很快地做出反应或完成活动时，不要催促他或失去耐心。 （快点，你到底想说什么？！）
让残疾孩子尽量多地参与班上的活动，找一些他能做的特别的活动。 （明天是校运会。我们让小明和小刚递饮料，小强和小敏举班旗！）	不要仅仅因为孩子有残疾就把他排除在活动之外。 （明天是校运会。小强，你就不用来了。）
使用残疾孩子可以回答的方式来提问。 （用手把中国的首都指出来。）（对了，小明，非常好！） 北京 广州 上海	不要使用让残疾孩子无法回答的方式来提问，虽然他知道那个答案。 （中国的首都在哪里？）（我知道！但我说不出来。）
用同样的标准来要求全班同学的行为。 （你们太调皮了，所以课间休息时间必须全部留在教室里。）	不要特别地宽待残疾孩子。如果他有错误的行为，就应该像惩罚其他的孩子一样惩罚他。 （你们太调皮了，除了小明以外，在课间休息时间所有人必须留在教室里。）

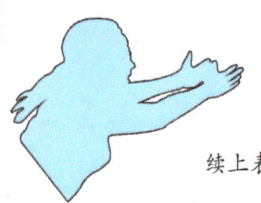

续上表

可以做的	不可以做的
尽可能地，像对待其他孩子那样对待残疾孩子。"我们一起来读这首诗。" 	不要特别强调孩子的残疾情况。"每个同学必须造一个句子。哦，小明就不用了，因为他说话不清楚。" 
尝试联络孩子的父母以寻求你所需要的建议，并且持续告知他们孩子的进展情况。"和你们谈话太有帮助了。希望你们能再来。" 	在尝试帮助参加活动的孩子时，不要忽视了他们的父母。他们能提供很大的帮助。"小明需要特别的帮助，但是我应该去找谁呢？" "他从来没问过我们！" 
与当地的教育部门保持良好的关系。持续通报他们孩子的近况，在有需要的时候寻求他们的帮助和建议。"你好！我想和你谈谈关于我的一些学生的情况。" "好的！" 	不要与那些可以帮助孩子的人互不来往。与当地的教育部门保持联系，与他们共同努力帮助孩子。"我没有时间去教育局。" "真希望老师们能多过来谈谈。" 

这儿还有一些建议能帮助那些班上有听力损伤孩子的老师。老师应

该：
- 调整自己的位置，让自己的脸对着光，不要背光，以免看不清脸；
- 确保在老师说话时，孩子能看到老师的脸和嘴；
- 说话的同时使用手势；
- 尝试在说话时使用一些形象的例子，例如，使用图片，用手指黑板上的书写内容；
- 集中孩子的注意力，确保老师在说话时，孩子看着自己的脸。

三、关于残疾儿童上学问题的小结

与其他涉及帮助残疾儿童的人士建立良好的关系是非常重要的。只有通过合作才能取得进步。

即使一些残疾情况严重的孩子无法上幼儿园或小学，我们也应该确保那些能够从某种类型教育中受益的孩子们都有机会享受到可使用的教育资源。

我们可以通过以下方法做到：
- 了解可以获得哪些资源；
- 与教育界的同僚紧密配合；
- 通过与残疾孩子做合适的活动来为他将来上幼儿园或小学做好准备；
- 为我们所帮助的孩子写一份报告，总结他的能力并做合适的推荐；
- 支持孩子的老师，向他们提供关于如何在学校里帮助孩子的建议。

对于无法上幼儿园或小学的孩子，我们可以给他们的父母或其他家人一些在家里帮助他的建议。

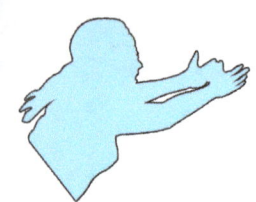

结　语

一、听力损伤患者的心声

施乐是一家儿童康复单位的秘书和研究助理。她嫁给一个聋人，并且有两个听力正常的孩子。

沟通是社会的一个必不可少的部分。很多时候，听得见的人会避免与聋人沟通，因为他们害怕无法交流，甚至挫败和尴尬。如果听力正常的人对如何与聋人沟通有比较清楚的了解，那么，他们也许会愿意尝试去与聋人沟通。这就可能会让听力损伤的人能更好地融入社会。

从我自己的经历来看，听力损伤人士常被人误解，因为听力损伤是一种看不见的残疾。然而，公众对听力损伤和听力损伤人士的认识还在发展中，特别是在城市。尽管如此，大多数人居住的终究还是在农村地区，我觉得那里的人对于失聪还有很多的误解。

虽然许多地区已经意识到这个问题，但还需要加强相关工作，这样人们才能对残疾及其预防以及从哪里可以获得帮助有一个更好的认识。

我在7岁的时候患了严重的疾病，并住进了医院。我用了很长时间才恢复，在之后的几个月里我都不能行走。那次得病之后，我就发现我听不到了——一点声音都听不到！直到现在我的听力也没有得到任何改善。但是，失去了听力并不意味着我快乐的生活就结束了。事实上，我觉得我的生活越来越有乐趣了。然而，对我的父母来说，当时生活变得很悲哀。因为他们不知道该如何帮助一个像我这样的聋儿，他们也不知道能从哪里得到帮助。

在开始时，我的家长认为耳聋可以通过巫术及信仰疗法得到治愈，但事实上，这永远不能成为事实。在他们自己去看过那些不能治愈我耳聋的人之后，他们也放弃了带我去。但是，后来他们发现了新的方法来帮助我。他们开始帮助我学习读唇。在他们说话时，鼓励我看着他们的脸，另外，他们清楚地对我说话，这样我就能模仿他们的嘴形。他们发现这种方法很有帮助，并且我也在一点一点地学习读唇，他们就一直没有停止过教我。因为他们不断地坚持尝试，现在我可以通过读唇来理解别人所说的话。

他们也发现，如果他们使用手势，我就能更容易明白。如果一个聋儿使用手势沟通，永远不要制止他/她，因为手语是一个聋人的母语，而且，这也是对他们最容易的一种沟通方法。

一些家长只想要他们的孩子说话。但是，完整的沟通包括语言和手势的并用，这比单独使用语言要重要得多。

后来我去聋哑学校读书。因为在上学之前，我的父母在家给了我很多的帮助，所以我在班上的成绩从来没有落后过！我对家长的建议是，他们应该像爱他们其他听力正常的孩子一样去爱他们的聋儿。我的父母从不把我看作是没有用的，在家里他们总是像对待其他孩子那样对我。他们对我的爱也从来没有改变过。因为他们付出的努力和爱，才有了今天的我。

二、关于听力损伤需要记住的重点

听力损伤造成看不见的残疾。

听力损伤是由中耳或内耳的损伤导致的，大脑没有受到影响。因此听力损伤的孩子并没有智力障碍。

应该识别出听力有困难的孩子，并在尽可能早的年龄给予帮助。

一些孩子不仅有听力损伤，可能还有其他的困难。例如，智力障碍、身体残疾、视觉损伤，我们会用不同的方法来帮助这些孩子。

听力损伤有不同的程度——孩子可能有轻度、中度或严重失聪。

我们对听力损伤孩子的目标是要改善他们的沟通能力。

对于一些听力损伤的孩子，手语可能会成为最有效的沟通方法。

对于被怀疑有听力困难的孩子，应该给他做正式或非正式的听力测试。

在建议孩子使用助听器之前，我们需要仔细考虑，因为助听器并不是对所有的孩子都有帮助的。

如果孩子耳朵痛，或耳朵里有东西流出来，应该让他尽快去看医生。

由于沟通困难的原因，听力损伤的孩子可能会有行为问题。

要帮助班上听力损伤的孩子，给老师建议是很重要的。

所有听力损伤的孩子都有受教育的权利，为了他们的利益，我们必须鼓励这些机会。

编后记

《0～6岁残疾儿童沟通能力康复训练手册》5本终于编完了，这里补充一点有关内容。

1. 本书编写出版的缘起

1997年，正在世界卫生组织（World Health Organization，WHO）的康复中心（Rehabilitation Unit）叫其下属的世界聋人协会（World Federation for the Deaf）以及国际听力困难者协会（International Federation of the Hard of Hearing）组织人讨论如何帮助听力损伤人士沟通能力康复的问题时，津巴布韦的两位语言治疗师Jenny Morris和Helen House把她们编写的《让我们沟通》(Let's Communicate——A Handbook for People Working with Children with Communication Difficulties) 一书的手稿通过津巴布韦卫生部寄了过来。世界卫生组织安排专家（Ms M. Lundman, Ms J. Warner, Ms J. Marshall, Ms Liise Kauppine, Dr. Mark Ross等）对书稿进行审阅，要求内容达到国际水准。然后，在瑞典国际发展合作组织的支持下，该书由世界卫生组织及联合国儿童基金会共同制作并派发各地。

2007年，在香港上海汇丰银行有限公司的赞助下，香港复康会把本书翻译成中文并制派送给有关机构，译者是刘雪飞和洪艳秋，前者是来自中国红十字会房山儿童康复中心的专家。书稿译出后，请王润芬和梁秀贞审阅，并请阿高、陈子慧、游伟仲把原书中的以津巴布韦人为对象的插图改画成如今书中的形象式样。

2013年春，我的同事、中山大学出版社副编审葛洪在香港见到了这套书，产生了把这套书介绍给内地读者的想法。我完全赞同这一善举，于是立即着手在原译作基础上开始编制体例与目录的工作。按照葛洪和我的设想，原来包含12本小册子的一套书被改编为5本分别针对5种残疾儿童的家长及专业康复师读物。

2014年2月，国家出版基金规划管理办公室正式批准该套书的立项（项目编号2014R2-012）。该项目由葛洪和我负责。葛洪负责处理该书的版权、合作问题，我则负责按原先的设想，在原稿的基础上编写出这一套包含5本的图书。

2. 改编的思路

原书《让我们沟通》是一套写给社区康复人员阅读的指导书，用以指导康复人员如何帮助残疾儿童及其家长做好残疾儿童沟通能力康复工作。

原书分12个分册。1～3分册分别阐述沟通基本原理、评估沟通能力的方法以及如何制定康复目标。第4～8分册详细解释5类常见残疾患者沟通困难的成因、该如何为残疾儿童制定康复目标，以及如何实现这些目标。第9～11分册讨论如何在游戏、日常生活以及由不同残疾儿童家庭组成的互助小组中帮助残疾儿童发展沟通能力。最后第12分册讨论残疾儿童上幼儿园和小学的问题。

原书的结构是合理的，遵循的是"理论—问题—解决方案"的逻辑序列。但是，原书的目标读者是社区康复人员，他们可以把这样一套书用作案头工具。这样的编排，对于单个残疾儿童的家长来说，使用起来并不方便。

所以，我们在改写这套书时，就分5个专题，改编成5本书。编写的逻辑是：

某种残疾的含义—这种残疾产生的原因—沟通基本原理—这种残疾在沟通中产生的困难何在—评估儿童的沟通困难—根据儿童的具体情况为他制定康复目标—帮助孩子康复的各种活动—游戏与玩具—日常生活情景中的康复工作—残疾儿童家庭互助小组活动设计—残疾儿童接受教育的问题。

我们相信，这样的编排能更好地帮助家长为自己的孩子做出康复方面的安排。当然，在编写的实际过程中，考虑到每本书讨论的具体残疾不同，孩子所需要的帮助也不一样，因此，5本书各自的编排体例并没有完全按照上述结构，5种书包含的章节和篇幅并不是完全相同的。

3. 本土化问题

本套书原本是由津巴布韦的专家写的，而且距今有14年了。因此，书中的内容如果要符合当今中国读者的需要，就存在一个"本土化"与"当代化"的过程。

在改编的过程中，我们注意到，香港复康会7年前的译本就已经把原书中的图画"本土化"了。现在我们需要更进一步本土化的地方也还有一些。比如说，书中针对"听力损伤儿童"沟通能力的康复活动，提到了"手语"学习。原书使用的是津巴布韦手语，这就有必要改为《中国手语》中提到的手语了。

其次，书中提到"言语特殊困难"时，重点讲到的一种困难是"声音排序困难",是指孩子能够正确发声,却不能按照正确的次序把声音组合成单词。对于汉语这种单音节语言,是否存在这样的言语困难,我不是很清楚。而我国的"言语残疾"标准提到的言语残疾,本书却没有专门论述。这是本套丛书还需要进一步完善的地方。

不过,就目前而言,我们已经就力所能及的范围内对原书稿做了"当代化"和"本土化"的工作,不足之处,则有待进一步完善。

4. 让我们都多一些关爱

做这样一套书,其意义自不用说。

这里,我想再次真诚地呼吁:让全社会都对残疾人士给予更多的关爱。

熊锡源
2014 年 10 月 7 日

附录：香港复康会简介

香港复康会
The Hong Kong Society
for Rehabilitation

　　香港复康会于1959年成立，是香港特别行政区政府认可之非政府注册慈善团体。本会会徽以火凤凰"浴火重生"为精神，展示残疾人士能从残疾中重建新生；也表达本会的精神：朝气蓬勃、有远见、有承担。

　　香港复康会具有55年的服务经验，为残疾人士、慢性病患者及长者提供各类适切及优质的服务，包括无障碍交通及旅游、复康和持续照顾服务。从自助迈向互助，共建关爱社群；并倡议健全人士能够接纳他们，缔造一个伤健共融、关怀平等的社会。

抱负：
锐意成为无障碍交通、持续照顾及全人复康的卓越机构

使命：
透过为残疾人士及长者提供复康服务，倡议共融社会

价值观：
"尊重人"——信任、尊严、尊重、平等参与及沟通
"专业精神"——同理心、优质服务、持续发展、勇于承担及力臻至善
"诚信"——自主、自强及参加公共政策
"共融"——尊重多元化、以权责为本

本会现时提供的服务分为四大范畴：

1. 无障碍交通及旅游部

　　为行动困难的残疾人士提供无障碍交通服务，协助他们往返工作、学习、培训、医疗或社交地点。

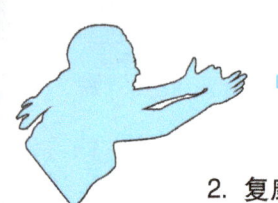

2. 复康部

为长期病患者及其家属或照顾者，提供社会及心理的支持服务。并且率先在香港推动自我管理计划，增强病人及其家属的自我管理能力，并为非政府组织提供专业培训。同时，亦协助成立病人自助组织，并提供专业支持服务。

3. 持续照顾部

营运三所护老机构，其中两所在香港，另一所位于深圳盐田区，是集合安老养老和康复医疗一体的香港赛马会深圳复康会颐康院，为愿意选择跨境养老的香港长者和追求优质安老生活的内地长者而设。

4. 国际及中国部

本会于1986年起被世界卫生组织委任为复康协作中心，我们的使命是培训内地的复康人才，推动社区为本复康。

我们的理念是专注本土能力建设、着重可持续发展、推动跨专业团队工作及朝向包融性社区发展。

过去二十多年，我们已培训超过30 000名复康工作人员，并已建立了一个拥有热诚康复工作者的网络，他们遍布中国内地23个省，5个民族自治区及4个直辖市，他们来自全国过千所医院、福利机构、康复中心及社区康复站。2008年汶川地震后，我们亦积极参与灾后复康工作，成立了复康资中心，透过跨专业的复康团队，持续为受伤灾民及当地残疾人士提供复康服务，并且引入社区复康服务模式。

与我们合作的单位有政府部门、残疾人联合会及非政府机构等，当中包括中华人民共和国民政部、中华人民共和国卫生部、中国残疾人联合会及各省市的残疾人联合会、武汉同济医院、中国康复医学会、安徽医科大学及第一附属医院、四川大学华西医院及各地省市的儿童福利院。

香港复康会联系方法

电话：（852）3143 2800

传真：（852）2855 1947

地址：香港九龙蓝田复康径7号综合中心一楼

电邮：hksr @ rehabsociety. org. hk

网址：www. rehabsociety. org. hk.